KB270403

부동산 전환점을 읽는 기술

부동산
전환점을
읽는 기술

펴 낸 날　2025년 12월 18일 초판 1쇄

지 은 이　서재성
펴 낸 이　박지민, 박종천
편　　집　윤서주, 김정웅
책임편집　김현호
책임미술　롬디
마 케 팅　이경미, 박지환

펴 낸 곳　모모북스
　　　　　경기도 파주시 지목로 89-37 (신촌로88-2) 3동1층
　　　　　전화 010-5297-8303　02-6013-8303　팩스 02-6013-830
　　　　　등록번호 2019년 03월 21일 제2019-000010호
　　　　　e-mail pj1419@naver.com

ⓒ 서재성, 2025
ISBN 979-11-90408-82-0 03320

- 책값은 뒤표지에 있습니다.
- 잘못된 책은 구매하신 곳에서 교환해드립니다.
- 모모북스에서는 여러분의 소중한 원고를 기다립니다.
 투고처: momo14books@naver.com

시장의 신호와 사람의 심리를 꿰뚫다

부동산 전환점을 읽는 기술

서재성 지음

집필을 강력하게 추천했던 아련한 걱정이, 이 책을 접하는 순간 놀라움을 금치 못했습니다. AI(지식표현, 추론)를 전공한 박사로서, 이 책은 부동산의 전환점을 읽는 기술이 아니라 인생의 전환점이 될 만한 내용입니다. 영혼이 맑은 분이 쓴 문장에 깊이가 있어 일독을 넘어 다독을 권합니다.

- 소피스트박, 유튜브 채널운영자(한국 1세대 AI 박사)

이 책은 부동산 시장의 움직임에 대해 미리 포착하는 방법을 다양한 지표를 통해 분석했다. 지표에 대한 디테일한 저자의 분석력은 대구 부동산 시장에 관심이 있거나, 투자자와 내 집 마련이 필요한 모든 이들에게 큰 도움이 됩니다.

- 김승현 신한은행 팀장

초보들이 '어디를 살까'를 고민할 때 고수는 '언제 들어가서 언제 나올까'를 고민합니다. 이 책은 바로 그 '타이밍'과 '사람들의 심리'를 꿰뚫어 보게 해주는 내공을 한 단계 높여줍니다.

- 여운, 대구 부동산 투자 & 나눔그룹

이 책 속에 담긴 통찰은 전국 어디서나 유효합니다. 시장의 흐름과 인간의 심리를 예리하게 포착한 이 책은 생애 첫 매수를 앞둔 분들은 물론, 오랜 투자자들에게도 흔들리지 않는 기준을 제시합니다.

- 서경민, ATOZ EXPRESS 대표

전환점을 읽는 기술의 시작

아파트 가격의 등락은 결코 우연이 아닙니다. 시장에는 언제나 방향이 있으며, 그 방향은 수많은 요인의 상호작용 속에서 만들어집니다. 그러나 대부분의 사람은 '가격이 오르고 있는가, 떨어지고 있는가'에만 집중할 뿐, 그 변화를 만들어내는 구조와 심리에 대해서는 깊이 들여다보지 않습니다. 그래서 상승장이 끝난 뒤에야 이유를 찾고, 하락장이 지난 뒤에야 기회를 깨닫곤 합니다.

필자 역시 처음에는 시장의 움직임을 단순한 결과로만 바라보았습니다. 하지만 데이터를 면밀히 관찰하면서 가격이 움직이기 전, 이미 시장 내부에서 변화의 신호가 발생하고 있다는 사실을 확인했습니다. 이 책은 이러한 '뒤늦은 깨달음'을 '사전적 통찰'로 바꾸기 위해 집필하였습니다.

이 책은 시장을 단순한 가격 그래프로 보지 않습니다. 지표는 방향을, 심리는 힘을, 도시와 경제는 구조를 보여줍니다. 필자는 지난 수년간 대구 아파트 시장을 중심으로 수요·공급, 거시경제, 투자 심리가 만들어내는 사이클을 분석해 왔습니다. 지표 속에 숨어 있는 패턴을 추적한 결과, 전환점에는 일정한 신호와 반복되는 구조가 존재한다는 사실을 확인했습니다.

책의 전반부에서는 시장의 방향성을 수치로 읽어내는 핵심 지표들을 소개합니다. 이어서 시장을 움직이는 심리적 메커니즘을 행동경제학과 진화심리학 관점에서 해석하고, 도시의 구조와 산업·거시경제 변화가 시장의 방향에 어떤 영향을 미치는지 살펴봅니다. 마지막으로 이러한 요소들을 종합해 투자 판단으로 연결되는 과정을 구체적으로 보여줍니다.

이 책은 특정 지역의 단기 투자 요령을 다루지 않습니다. 대신 시장 구조를 읽는 시각, 전환점을 포착하는 분석 도구, 심리를 수치화하는 사고법을 제시합니다. 이러한 접근은 대구뿐 아니라 전국의 부동산 시장에도 확장 적용할 수 있습니다.

불확실성이 지배하는 시대일수록 데이터는 가장 강력한 나침반이 됩니다. 전환점을 읽는 능력은 소수 전문가만의 영역이 아니라, 누구나 훈련할 수 있는 기술입니다. 이 책이 독자 여러분께 다가올 시장을 먼저 읽어내는 눈을 길러주길 바랍니다.

목차

1장
대구 부동산 시장의 사이클

4장
도시의 뿌리, 산업과 인구

5장
투자자의 시각에서 본 전략 결론

대구 부동산 시장의 사이클

시장에는
사이클이 있습니다

부동산 시장은 겉으로 보기에는 단순한 가격 등락의 반복처럼 보이지만, 실제로는 일정한 순서와 흐름을 따라 움직입니다. 단기적으로는 전세 수급과 매수심리, 거래의 흐름이 시장의 온도를 결정하고, 장기적으로는 금리와 통화량, 그리고 경제 성장과 같은 거시적 요인이 가격의 방향을 결정짓는 근본적 축을 이룹니다.

단기 흐름에서 가장 먼저 변하는 것은 전세 수급입니다. 전세 매물이 줄고 수급이 빠듯해지면 세입자들의 불안감이 높아지고, 이는 곧 매수 심리로 확산합니다. 이렇게 강화된 심리는 거래를 촉발하고, 거래량이 회복되면 일정 시차를 두고 가격이 반영되는 흐름이 나타납니다. 반대로 전세가 남아돌고 수급이 완화될 때는 심리가 위축되고 거래가 줄어들며, 가격이 서서히 조정되는 국면으로 이어집니다. 이처럼 단기 시장의 움직임은 수급, 심리, 거래, 가격이라는 전형적인 전이 과정을 거칩니다.

반면, 장기 흐름은 금리와 통화량, 그리고 경제 성장이라는 거시적 토대에서 출발합니다. 금리가 낮아지고 통화량이 확대되는 완화적 환경에서는 자금이 풍부해지고, 가계의 차입 여력이 커지며, 이에 따라 수요 기반이 장기적으로 확충됩니다. 이러한 환경이 누적되면 주택시장 전반의 가격 상승 압력으로 이어집니다. 반대로 긴축적 환경에서는 자금이 위축되고 수요가 줄어들며, 시장은 하락 또는 정체 국면으로 접어듭니다. 이런 거시적 변화는 단기간에 드러나지 않지만, 시간이 지날수록 시장 방향성의 결정적 요인으로 작용합니다.

그러나 실제 시장에서는 단기와 장기 흐름이 이렇게 깔끔하게 분리되어 나타나는 경우가 많지 않습니다. 오히려 두 흐름은 자주 겹쳐서 나타나며 상호작용을 합니다. 예를 들어 금리 하락이나 통화량 확대 같은 장기 요인이 작동할 때, 단기적으로도 전세 수급이 빠듯해지고 매수심리가 강화되는 흐름이 함께 발생하는 경우가 흔합니다. 반대로 긴축 환경에서는 전세 수급이 느슨해지고 거래가 위축되는 현상이 장기 흐름과 맞물려 가격 하락을 가속하기도 합니다. 이처럼 장기 요인은 시장의 '방향'을 설정하고, 단기 요인은 그 '속도'와 '시점'을 조정하는 역할을 하면서 서로 얽혀 사이클을 만들어냅니다.

따라서 시장을 읽어내기 위해서는 단기 지표와 장기 지표를 각각 따로 해석하는 것만으로는 충분하지 않습니다. 전세수급지수, 매수우위지수, 거래량과 같은 단기 지표는 전환점을 민감하게 포착하는 측

수 역할을 하고, 금리·통화량·경제성장률과 같은 거시 지표는 시장의 방향성을 결정하는 구조적 축으로 기능합니다. 그리고 무엇보다 중요한 점은, 두 흐름이 맞물릴 때 시장의 전환점은 훨씬 강하게 나타난다는 것입니다. 상승장에서도 하락장에서도, 시장의 전환은 언제나 심리와 수급의 변화 위에 거시경제 환경이 포개질 때 본격화되었습니다. 이 1장에서는 이러한 장단기 흐름의 구조와 상호작용을 실증 데이터를 통해 살펴보고, 시장의 전환이 어떻게 만들어지고 확산하는지를 분석해 보려 합니다. 이를 통해 독자 여러분이 시장의 단기적 신호와 장기적 구조를 함께 읽어낼 수 있는 해석의 틀을 제시하고자 합니다.

> 집값은 단기적으로 수급의 영향을 받고, 장기적으로 거시경제의 궤적을 따라 움직인다.

매수우위지수,
시장을 읽는 가장 직관적인 나침반

대구 부동산 시장의 사이클

[그림 1-1] 매수우위지수 & 대구 아파트 매매가 등락률

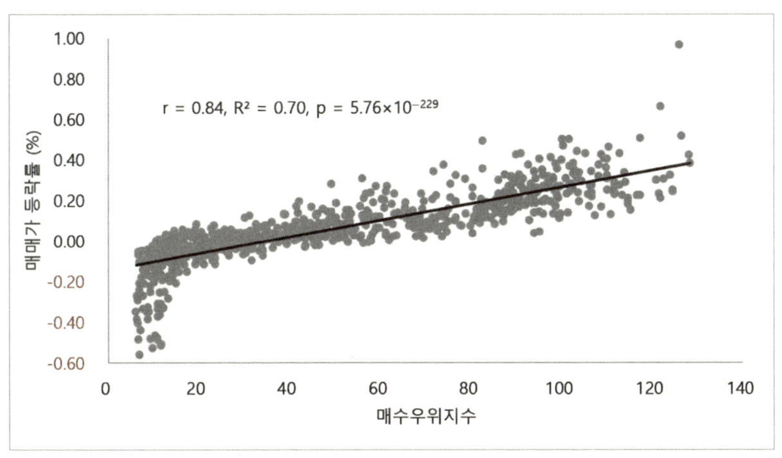

자료 출처: KB부동산

매수우위지수는 아파트 시장에서 매수자와 매도자 중 어느 쪽이 더 우위에 있는지를 보여주는 대표적인 심리지표입니다. 지수가 높다는

것은 집을 사려는 사람들이 많다는 의미이고, 반대로 지수가 낮다는 것은 사려는 사람보다 팔려는 사람이 많다는 뜻입니다. 즉, 거래 당사자들의 심리 상태를 수치로 표현한 지표라고 할 수 있습니다. 실증분석 결과, 매수우위지수와 대구 아파트 매매가 등락률은 동기간부터 강한 양(+)의 상관관계를 보였습니다[그림1-1].

시차 0개월에서 상관계수(r)는 약 0.84, 결정계수(R^2)는 약 0.72로 나타났으며, 이는 매수우위지수가 매매가격 변동의 약 72%를 설명한다는 의미입니다. 단일 지표로서는 상당히 높은 수준이라 할 수 있습니다. 특히 1개월과 2개월 시차를 두어도 상관계수가 각각 0.84와 0.83 수준으로 유지되었으며, 12개월 시차에서도 0.74 수준의 강한 양(+)의 상관관계가 지속되었습니다.

이는 매수우위지수가 단기적인 시장 심리뿐 아니라 최대 1년가량의 중기 가격 흐름까지 설명할 수 있는 유효한 선행지표임을 보여줍니다. 즉, 매수우위지수가 단순히 단기적인 시장 심리만을 반영하는 것이 아니라, 중기적으로도 가격 움직임과 긴밀하게 연결되어 있음을 시사합니다. 예를 들어, 특정 시기에 매수심리가 급격히 꺾이면 그 충격이 바로 가격 하락으로 이어지고, 이후 몇 달 동안 시장을 압박하는 흐름으로 작용합니다. 반대로 매수심리가 회복되면 가격 반등의 신호로 작용하며, 그 효과가 장기간 누적되기도 합니다.

특히 주목할 부분은 매수우위지수의 양극단 구간입니다. 지수가 극단적으로 낮을 때는 매수세가 사실상 사라지고 매도자만 남기 때문에 가격 하락 폭이 크게 나타나며, 반대로 지수가 극단적으로 높을 때는 매수세가 시장을 압도하여 가격 상승 폭이 가팔라지는 경향을 보입니다. 따라서 매수우위지수의 극단은 단순한 심리지표가 아니라, '매수하기에 좋은 시점'과 '매도하기에 좋은 시점'을 가늠하게 해주는 실질적인 시그널로 해석할 수 있습니다.

물론 지표 하나만으로 매매 타이밍을 단정할 수는 없습니다. 그러나 과거 데이터를 살펴보면, 매수우위지수가 바닥권에 머물던 시기 이후 수개월 내 가격 반등이 나타났고, 반대로 고점권에서는 조정이 뒤따른 경우가 반복적으로 확인되었습니다. 그래서 이 지표는 시장 참여자들의 기대와 공포가 어디까지 쏠려 있는지를 객관적으로 확인할 수 있는 중요한 도구라고 할 수 있습니다.

> 매수우위지수가 낮을수록 향후 반등 가능성이 커지고, 높을수록 조정 위험이 커진다.

매매가격전망지수 100,
전환의 신호가 켜지는 순간

[그림 1-2] 매매가격전망지수 & 대구 아파트 매매가 등락률(-1개월)

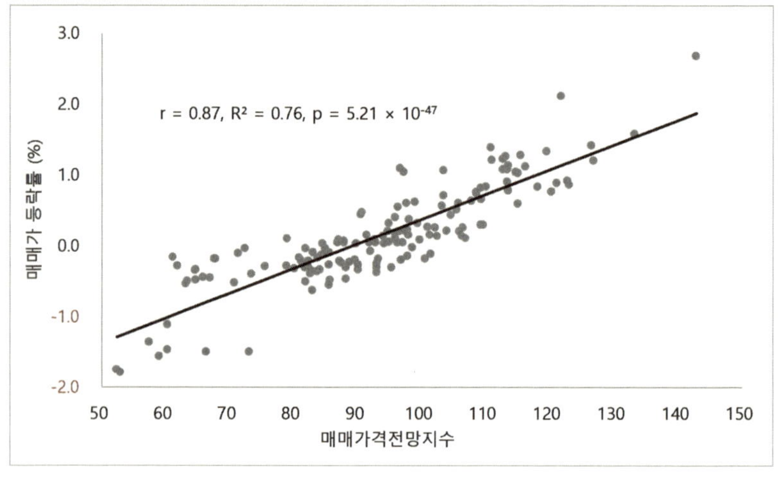

자료 출처: KB부동산

매매가격전망지수는 향후 주택 가격에 대한 현장 전문가들의 전망을 수치화한 대표적인 심리지표입니다. 각 지역의 부동산 중개업소를 대상으로 '앞으로 집값이 오를 것인가, 내릴 것인가'를 조사한 결과를 지수화한 것으로, 0에서 200까지의 값으로 표현됩니다.

100을 기준으로 100 이상이면 상승 전망이 우세, 100 이하면 하락 전망이 우세함을 의미합니다. 즉, 이 지수는 가격이 실제로 움직이기 전에 현장 참여자들의 심리가 어떤 방향으로 기울고 있는지를 보여주는 초기 신호입니다.

일반 수요자의 기대와 달리, 이 지표는 현장 전문가들의 판단을 기반으로 산출되기 때문에 가격 흐름을 가늠하는 데 높은 신뢰도를 갖습니다. 실증분석 결과, 매매가격전망지수는 대구 아파트 매매가 등락률과 매우 강한 상관관계를 보였습니다[그림1-2]. 특히 시차 1개월에서 상관계수(r)는 약 0.87, 결정계수(R^2)는 약 0.76으로, 한 달 후 가격 변화를 76%까지 설명할 수 있는 수준이었습니다. 시차 2개월까지도 높은 설명력이 이어졌으나, 그 이후부터는 점차 약화되는 양상이 확인되었습니다.

이 지표는 특히 가격의 전환점을 포착하는 데 유용한 특성을 보입니다. 장기간 하락세가 이어지던 시기에 전망지수가 먼저 반등하면 곧이어 실제 가격도 반등하는 경우가 있었으며, 반대로 고점 국면에서는 전망지수가 급등한 뒤 얼마 지나지 않아 가격이 조정을 받는 사례가 반복적으로 나타났습니다.

무엇보다도 주목할 점은, 매매가격전망지수가 100을 넘어가는 시점과 실제 매매가격 상승이 대부분의 시기에서 일치했다는 사실입니다.

이는 현장의 중개업소 소장님들이 '가격이 오를 것'이라고 판단하기 시작하는 임계점이 곧바로 시장 가격에 반영된다는 것을 보여줍니다. 투자자 입장에서는 이 시점이 곧 매수세가 본격적으로 우위를 점하는 구간으로 해석할 수 있습니다.

따라서 매매가격전망지수는 현장 전문가들의 판단이 일정한 임계점을 넘어설 때 실제 시장가격이 어떻게 반응하는지를 보여주는 실질적 지표입니다.

전망지수가 100을 넘으면 현장의 중개업자들이 '이제 오를 것 같다'고 집단적으로 방향을 돌리기 시작하는 지점이다.

수요심리의 근원,
전세시장

[그림 1-3] 전세수급지수 & 대구 아파트 매매가격 등락률

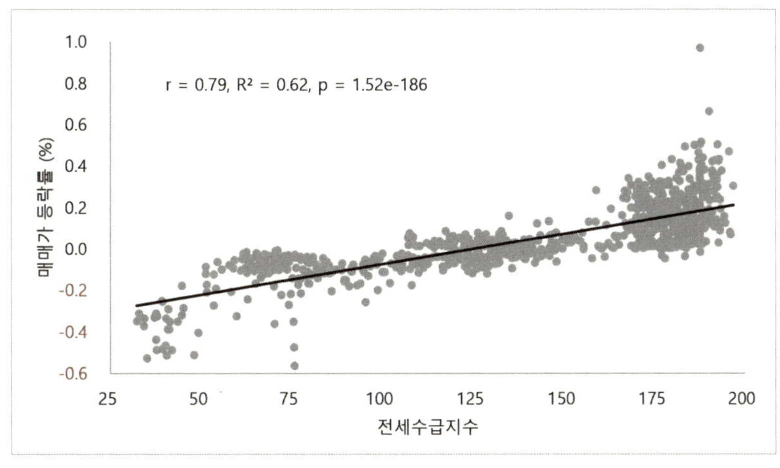

자료 출처: KB부동산

전세수급지수는 전세시장에서의 수요와 공급의 균형 상태를 수치로 표현한 지표입니다. 전세 매물(공급) 대비 전세 수요의 강도를 보여

주는 지수로, 0에서 200까지의 값으로 나타납니다. 100을 기준으로 100 이상이면 전세 수요가 공급보다 우위, 100 이하면 공급이 수요보다 우위에 있음을 뜻합니다. 즉, 이 지수는 전세시장이 팽팽한 긴장 상태에 있는지, 혹은 여유가 있는지를 실시간으로 보여주는 신호체계라 할 수 있습니다.

전세시장은 언제나 주택시장의 가장 민감한 부분에 서 있습니다. 집을 사고파는 매매시장보다 한발 앞서 움직이며, 때로는 가격 상승의 신호탄이 되기도 합니다. 우리나라의 특수한 전세제도는 매매와 임차의 경계를 흐려놓았고, 이에 따라 전세수급의 변화는 단순한 임차시장 이슈를 넘어 매매가격 변동의 촉매제가 되었습니다.

대구 아파트 시장을 대상으로 전세수급지수와 매매가격 등락률을 함께 살펴보면, 두 지표 사이에는 상당히 높은 수준의 상관관계가 나타납니다[그림1-3]. 실증분석 결과, 전세수급지수와 매매가 등락률의 상관계수(r)는 0.79, 결정계수(R^2)는 0.64로 확인되었습니다. 이는 매매가격 변동의 약 64%가 전세수급의 변화로 설명될 수 있다는 뜻으로, 단일 지표로서 매우 높은 설명력을 지닌 결과입니다. 즉, 전세시장의 흐름만 보더라도 어느 정도 매매시장의 움직임을 예측할 수 있음을 시사합니다.

전세 매물이 줄고 수급이 빠듯해지는 시점에는 임차인들의 불안감이 커집니다. 전세가 오르거나 물건이 귀해질수록, 사람들은 '이럴 바엔 차라리 집을 사는 게 낫겠다'고 생각하게 됩니다. 이 심리의 전환이 매수심리의 상승으로 이어지고, 거래량이 늘어나며, 결국 매매가격 상승으로 이어지는 흐름이 만들어집니다.

반대로 공급물량이 증가하여 전세수급지수가 하락할 경우, 시장은 수요보다 공급이 우위에 서게 됩니다. 이러한 상황에서는 매도 압력이 커지며 가격 하방 압력이 강화됩니다. 이에 따라 임차인들은 주택을 매수하기보다 관망하거나 전세를 유지하는 전략을 선택하게 되고, 매수심리 약화와 거래량 감소로 이어지면서 매매시장은 냉각 국면으로 전환됩니다.

시차 분석 결과도 이러한 흐름을 뒷받침합니다. 전세수급지수와 매매가 등락률은 동행 시점(시차 0개월)에서 가장 높은 상관(0.79)을 보였으며, ±1~3개월 구간에서도 약 0.78 수준의 높은 상관관계가 유지되었습니다. 즉, 전세시장의 변화는 거의 실시간으로 매매시장에 반영된다는 뜻입니다. 전세가 부족하다고 느껴질 때 이미 매매가격의 상승 신호가 시작되고 있는 셈입니다.

흥미로운 점은 시차가 6개월 이상으로 벌어져도 상관계수가 여전히 0.7 이상을 유지한다는 것입니다. 이는 전세시장의 불균형이 단기적 충격에 그치지 않고 중기적인 가격 추세에도 지속적인 영향을 준다는 점을 보여줍니다.

이러한 현상이 나타나는 근본적인 이유는 주택 재화의 공급탄력성이 매우 낮기 때문입니다. 공급이 과잉되었다고 해서 진행 중인 공급을 즉시 중단할 수도 없고, 반대로 부족하다고 해서 단기간에 공급을 확대하기도 어렵습니다. 착공에서 준공까지의 긴 기간과 제도적 제약으로 인해 공급은 단기 조정이 불가능하며, 이러한 구조적 한계가 전세시장의 불균형을 중기적 가격 흐름으로 이어지게 만드는 핵심 요인으로 작용합니다.

부동산 시장에서 가격을 움직이는 것은 결국 '심리'입니다. 전세수급이 타이트할 때 임차인들은 불안하고, 불안은 매수로 이어집니다. 반대로 전세가 남아돌면 여유가 생기고, 여유는 관망으로 이어집니다. 그 과정에서 매매심리는 강화되거나 약화되며, 거래량과 가격이 뒤따라 움직입니다.

결론적으로 대구 아파트 시장의 데이터를 통해 확인할 수 있는 사실은 분명합니다. 전세수급지수가 높아질수록 매매가격은 상승하고, 전세수급이 완화될수록 매매가격은 하락한다는 것입니다. 이는 단순한 추론이나 직감이 아니라, 통계로 입증된 구조적 관계입니다. 따라서 시장을 관찰할 때 우리는 매매가격보다 한 걸음 앞서 전세시장의 긴장도를 살펴봐야 합니다. 그 안에 이미 다음 국면의 방향이 숨어 있습니다. 전세가 귀해질 때 매매가 오른다는 오래된 경험칙은, 이제 데이터로도 충분히 설명할 수 있는 사실이 되었습니다.

> 전세가 귀해지면 임차인은 불안해지고, 그 불안이 매수 전환과 가격 상승을 촉발한다. 다음 국면은 전세가 먼저 알려준다.

거래량은
가격변동을 예고한다

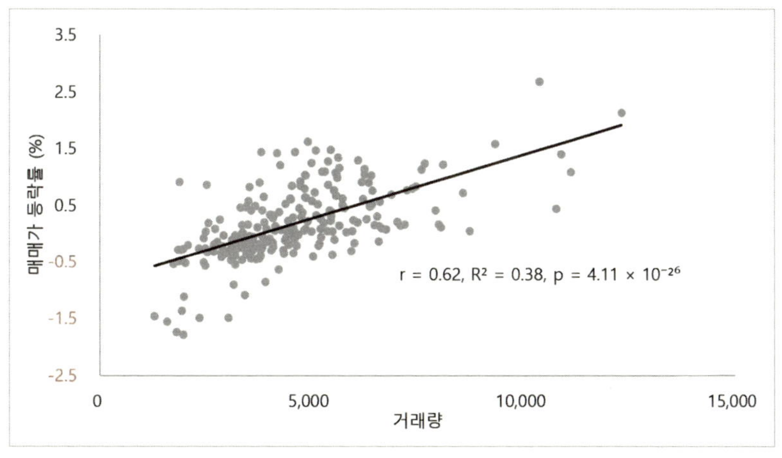

자료 출처: KB부동산

주택시장에서 거래량은 단순한 시장 활동 지표를 넘어, 향후 가격의 흐름을 설명하고 예측하는 데 핵심적인 역할을 하는 변수로 기능합니다. 거래가 활발히 이루어지는 국면에서는 수요의 강세가 반영되어 가격 상승 압력이 커지는 경향을 보이며, 반대로 거래가 급격히 위축되는 시기에는 시장의 유동성이 감소하면서 가격 하락 압력이 높아지는 패턴이 관찰됩니다. 이러한 관계는 이론적 분석뿐만 아니라 실증 데이터에서도 명확하게 드러납니다.

2006년 1월부터 2025년 7월까지의 대구 아파트 시장을 대상으로 분석한 결과, 거래량과 매매가격 등락률 사이에는 통계적으로 유의미한 양(+)의 상관관계가 나타났습니다[그림1-4]. 동시 시점에서의 상관계수는 r = 0.60(R^2 = 0.36)로 확인되었으며, 거래량이 가격을 약 2개월 선행하는 시차에서는 상관계수가 r = 0.62(R^2 = 0.38)로 더욱 강화되었습니다. 이는 거래량의 증감이 일정한 시간차를 두고 가격 변동률에 반영되는 구조적 패턴이 존재함을 보여줍니다. 다시 말해 거래량은 단순한 결과 변수가 아니라 향후 가격 움직임을 예측할 수 있는 선행 신호로 작용합니다.

교차상관 분석 결과, 거래량이 가격에 미치는 영향의 시차는 시장 국면에 따라 뚜렷하게 달라지는 것으로 나타났습니다[그림1-5]. 상승기에는 거래량 증가 이후 가격이 빠르게 반응하는 양상이 뚜렷하게 관찰되었습니다. 구체적으로 2009년부터 2011년, 2013년부터 2015년, 그리고 2020년부터 2021년까지의 상승기 구간에서는 거래량이 약 0개월에서 2개월 정도 앞서 움직이며 가격 반등의 신호로 작용했습니다. 이 시기에는 시장 참여자의 심리가 빠르게 회복되고 수요 확장이 곧바

자료 출처: KB부동산

로 가격 상승으로 이어지는 전형적인 상승장의 구조가 나타났습니다.

반면 2016년부터 2018년 그리고 2022년부터 2024년까지의 하락기에는 거래량이 감소한 이후 가격 조정이 본격화되기까지 4개월에서 12개월 이상이 소요되는 현상이 확인되었습니다. 이는 거래 위축이 먼저 나타나고 가격 하락이 뒤따르는 구조로, 상승장과 달리 심리적 반응과 가격 조정이 비대칭적으로 전개되는 특징을 보여줍니다. 즉, 거래량은 상승기에는 빠른 반등의 신호로, 하락기에는 비교적 긴 시간차를 둔 경고 신호로 기능한다고 해석할 수 있습니다.

거래량과 가격 사이에는 구조적으로 양의 상관관계가 존재하지만, 이 관계가 모든 시기에 동일하게 유지되는 것은 아닙니다. 특히 정부

정책이나 거시경제 변수와 같은 외생적 충격이 발생하는 시기에는 상관관계가 일시적으로 약화되는 경향을 보입니다. 이는 정책이 시장의 근본적인 수급 구조를 변화시키기보다는 거래의 타이밍을 조정하는 단기적 충격 요인으로 작용하기 때문입니다.

2016년말부터 2021년말까지의 상승장에서는 규제 정책이 집중적으로 시행되었음에도 불구하고, 수급의 견고함으로 인해 가격 하락 압력은 크지 않았습니다. 이 시기 거래량은 정책 변화에 민감하게 반응하여 단기적 변동을 보였지만, 가격은 상대적으로 안정적으로 유지되었습니다. 반대로 2022년말부터 2023년 중반까지의 시기에는 금리 인상 이후 부양책이 집중적으로 시행되었으나, 거래량이 일시적으로 증가했음에도 불구하고 가격 반등은 지연되거나 제한적으로 나타났습니다. 이 사례는 정책 개입 시기에 거래와 가격의 동조성이 약화되는 전형적인 양상을 보여줍니다.

종합하면, 거래량은 가격변동의 방향을 조기에 포착할 수 있는 중요한 선행지표입니다. 하지만 정책이나 외생적 충격이 개입하는 시기에는 거래량과 가격이 서로 다른 방향으로 움직일 수 있으며, 이에 따라 통계적 상관관계가 일시적으로 약화됩니다. 따라서 거래량의 변화를 해석할 때는 단기적 변동에만 주목하기보다는 그것이 시장의 구조적 전환을 의미하는지, 아니면 일시적 충격에 따른 일탈인지 구분하는 것이 중요합니다.

특히 상승장 전환기를 판단할 때는 거래량 증가 그 자체보다는 거래량 반등 이후 실제 가격이 어떤 시차를 두고 상승 흐름을 보이는지에 주목할 필요가 있습니다. 거래량의 변화는 단순한 숫자가 아니라, 시장 참여자의 심리, 수급 구조, 그리고 거시경제 환경이 복합적으로 반영된 결과이기 때문입니다. 이러한 점에서 거래량은 향후 시장 흐름을 읽어내는 실질적인 해석 도구 가운데 하나라 할 수 있습니다.

거래량은 '현재 상황'이 아니라 '앞으로 벌어질 가격 변화'를 보여주는 선행 신호다.

상승장은 거래가 붙으면 가격이 곧장 따라오지만, 하락장은 거래가 먼저 죽고 가격이 천천히 무너진다.

정책은 방향을 바꾸기보다 타이밍을 어긋나게 한다.

거래는 줄어도
가격은 버린다

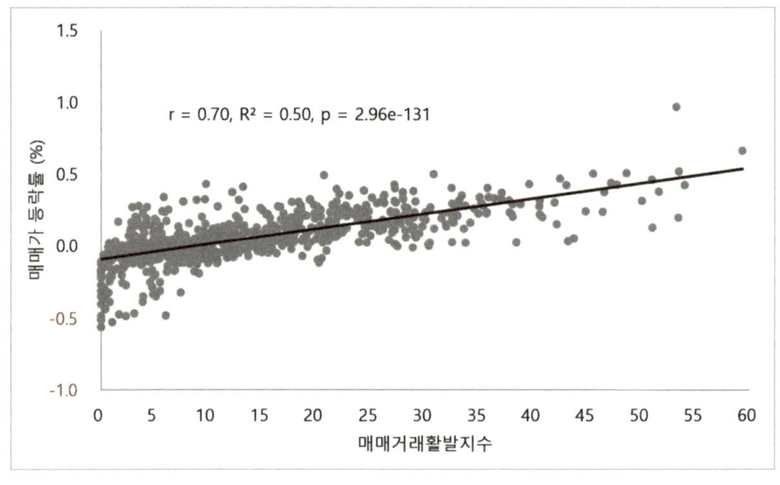

자료 출처: KB부동산

매매거래활발지수는 아파트 매매시장이 얼마나 활발하게 움직이고 있는지를 수치화한 지표입니다. 0~200 사이의 값으로 표시되며, 100

을 기준으로 100 이상이면 거래가 활발한 상태, 100 이하면 거래가 위축된 상태를 의미합니다. 이 지수는 가격에 대한 기대심리를 묻는 설문이 아니라, 실제 거래 행위의 빈도와 열기를 수치로 표현한 것이기 때문에 시장의 현장 활력도를 파악하는 데 유용합니다.

실증분석 결과, 매매거래활발지수와 대구 아파트 매매가 등락률은 강한 양(+)의 상관관계를 보였습니다[그림1-6]. 특히 시차 +2개월 구간에서 상관계수(r)가 약 0.70, 결정계수(r²)가 약 0.50 수준으로, 한두 달 뒤 가격변동의 절반가량을 설명할 수 있는 지표임이 확인되었습니다. 다만 매수우위지수나 매매가격전망지수에 비해서는 설명력이 조금 낮은 편이었고, 시차가 길어질수록 영향력도 줄어드는 양상이 나타났습니다.

흥미로운 점은, 대구의 매매거래활발지수가 지난 20여 년 동안 대체로 60 이하에서 머물렀다는 사실입니다. 심지어 지수가 25 수준, 즉 중개업소 100곳 중 25곳만 거래가 활발하다고 응답한 상황에서도 아파트 가격은 충분히 상승하는 모습을 보여주었습니다. 이는 거래가 원활하지 않더라도 가격이 쉽게 내려가지 않는 구조가 있음을 의미합니다.

그 이유는 바로 매도자들의 심리입니다. 대부분의 매도자는 손해를 보고 싶어 하지 않으며, 과거 거래 가격에 닻이 내려진 상태에서 가격을 쉽게 낮추지 않습니다. 따라서 거래가 줄어든다고 해서 반드시 헐값에 매도하는 것은 아니며, 경제위기와 같은 충격 요인이나, 공급이 단기간에 집중되는 시기가 아니라면 가격 조정은 크게 나타나지 않는 경우가 많습니다. 다시 말해, 매매거래활발지수의 절대 수준이 낮아도 가격은 일정 수준 이상에서 버티는 경향을 보입니다.

> 거래가 줄어도 바로 폭락하진 않는다. 손실 회피 심리가 매도자를 붙잡아 가격을 의외로 오래 지탱한다.

인구수 x 0.5% = 적정물량?

[그림 1-7] 입주물량 & 대구 아파트 매매가 등락률

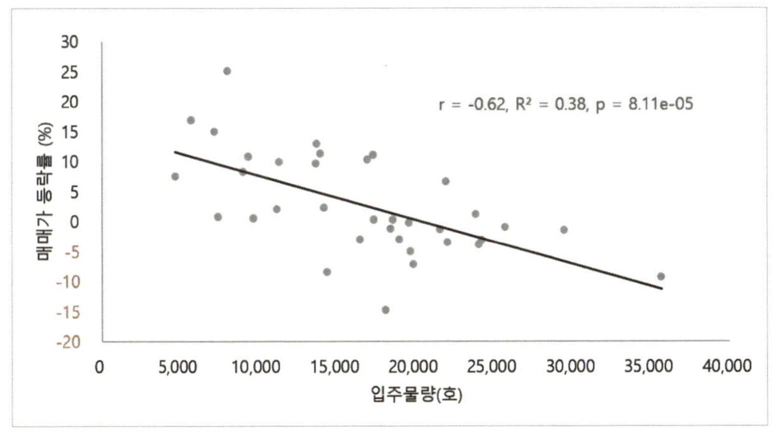

자료 출처: KB부동산, 통계청

입주물량은 특정 시기에 새로이 시장에 공급되는 아파트 세대 수를 의미합니다. 수요가 일정한 상황에서 공급이 단기간 늘어나면 가격은

조정을 받기 마련이고, 반대로 공급이 줄어들면 가격은 상대적으로 강세를 보이게 됩니다. 따라서 입주물량은 매매가격 흐름을 이해하는 데 있어 가장 직관적인 공급 변수라고 할 수 있습니다.

실증분석 결과, 대구 아파트 입주물량과 매매가 등락률은 동기간 및 1년 시차에서 뚜렷한 음(-)의 상관관계를 보였습니다[그림1-7]. 동기간에서 상관계수(r)는 약 -0.62, 시차 1년에서도 -0.58 수준으로 나타나, 공급이 늘어나면 가격이 하락하는 전형적 패턴이 확인되었습니다.

다만, 2년차 이후부터는 상관관계가 약해지고, 5년차에는 오히려 양(+)의 상관이 관찰되기도 했습니다. 이는 입주물량이 단기적으로는 가격을 누르지만, 장기적으로는 오히려 공급 사이클이 다음 상승기의 기반이 될 수 있음을 시사합니다.

일부 강의나 부동산 사이트에서는 '인구수 × 0.5%'를 적정 공급물량이라고 제시하며, 마치 공식처럼 활용하기도 합니다. 그러나 실제 데이터를 살펴보면 이는 절대적인 기준선이라 보기 어렵습니다. 예를 들어, 입주물량이 15,000호에 못 미쳤던 해에도 매매가격이 10% 가까이 하락한 사례가 있었고, 반대로 20,000호가 넘는 해에도 5% 이상 상승한 사례가 있었습니다. 이는 공급의 절대 규모만으로 가격을 단정할 수 없음을 보여줍니다.

장기적으로 본다면, 해당 지역 인구 대비 약 0.5% 수준의 신축 아파트가 시장에 흡수되어 왔다는 의미는 있습니다. 그러나 이는 단순히

'시장이 장기적으로 소화해 온 평균치'일 뿐, 절대적인 임계점이 되지는 않습니다.

> 같은 수준의 공급이라도 어떤 해에는 하락했고, 어떤 해에는 오름세가 유지됐다. 입주물량만으로 가격을 전부 설명할 수 없다는 뜻이다.

미분양 감소 = 가격상승?
꼭 그렇지는 않다

[그림 1-8] 미분양 & 대구 아파트 매매가 등락률

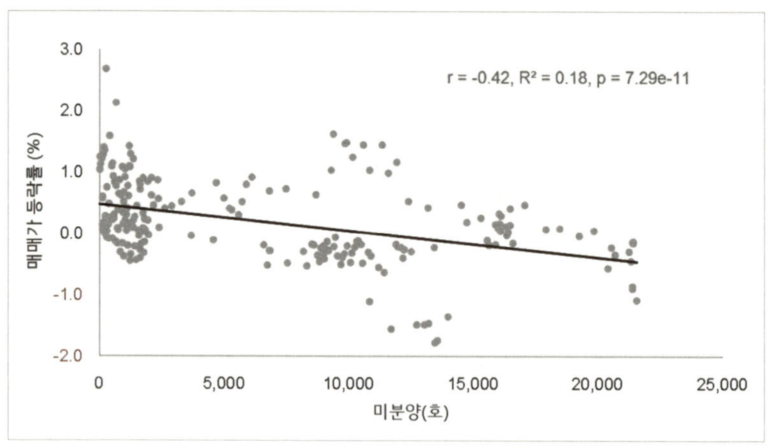

자료 출처: KB부동산, 통계청

미분양은 분양된 아파트 중 계약이 체결되지 않고 남아 있는 물량을 뜻합니다. 즉, 수요가 공급을 따라가지 못한 결과로 발생하는 것이며,

""

시장의 체력을 점검하는 데 있어 중요한 경고등 역할을 합니다.

실증분석 결과, 미분양 물량과 대구 아파트 매매가 등락률은 전반적으로 음(-)의 상관관계를 보였습니다[그림1-8]. 그러나 상관계수 r = -0.42, 결정계수 R^2 = 0.18에서 알 수 있듯이, 사람들이 흔히 생각하는 것만큼 강력한 상관관계는 아니며, 설명력 역시 시장 전체를 해석하기에는 다소 부족한 수준입니다.

실제로 미분양이 15,000세대를 넘어선 시기에도 가격이 상승한 사례가 있었으며, 반대로 미분양이 5,000세대 미만이었음에도 가격이 하락한 사례도 존재했습니다. 이는 미분양의 절대 규모만으로는 시장을 단정할 수 없음을 보여줍니다.

그런데도 주목할 점은, 미분양 5,000세대 이상이 되는 상황이 흔치 않다는 사실입니다. 이런 국면은 대개 시장의 심리가 크게 위축되고, 매수세가 완전히 얼어붙는 시기와 겹칩니다. 따라서 이 시기에는 폭락의 위험이 존재하지만 동시에 싼 가격에 매수하여 큰 수익을 거둘 수 있는 드문 기회가 숨어 있기도 합니다. 다시 말해, 미분양 대규모 구간은 시장의 가장 큰 고통과 동시에 최고의 보상이 공존하는 지점이라 할 수 있습니다.

따라서 여러분은 미분양을 단순한 부정적 신호로만 볼 것이 아니라, 위험과 기회가 동시에 응축된 특수한 국면으로 인식할 필요가 있습니다. 특히 미분양이 일정 임계점을 넘어설 때, 시장의 패닉 속에서도 매수 용기를 낸 투자자는 이후 회복 국면에서 가장 큰 수익을 기대할 수 있습니다.

미분양은 '절대량'보다 '특정 시점의 급증 구간'이 중요하다. 그 구간은 가장 아픈 시기이자, 동시에 최고의 수익 구간이 될 수 있다.

전세가율 상승,
매수 시기?

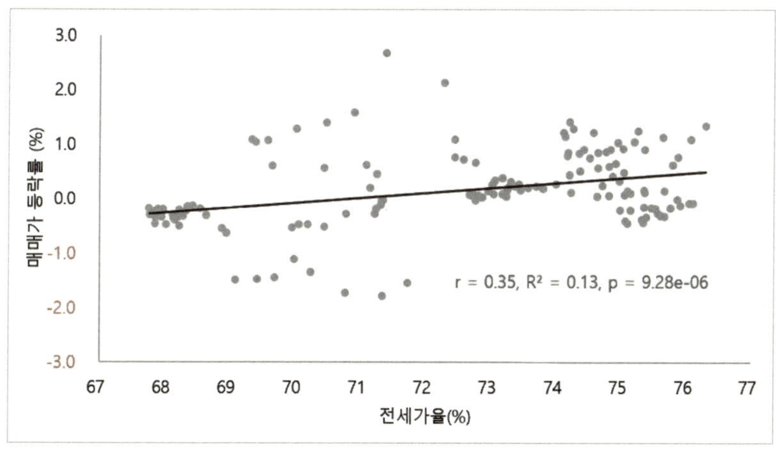

[그림 1-9] 대구 아파트 전세가율 & 매매가 등락률

자료 출처: KB부동산

전세가율은 매매가격 대비 전세가격의 비율을 의미합니다. 예를 들어 아파트 매매가격이 5억 원이고 전세가격이 4억 원이라면 전세가율

은 80%가 됩니다. 일반적으로 전세가율이 높으면 매매가 대비 전세가 부담이 적어, 매수 전환 수요가 늘어날 수 있다고 해석합니다. 반대로 전세가율이 낮으면 전세와 매매의 격차가 커져, 매수보다는 임차를 선택하는 수요가 많아진다고 볼 수 있습니다.

많은 강의나 투자 서적에서는 전세가율이 70% 이상이면 매수 타이밍이라고 설명하기도 합니다. 그러나 실제 데이터를 살펴보면, 전세가율은 생각보다 매매가격 변동과 직접적으로 연결되지 않았습니다. 대구 아파트 시장을 대상으로 한 결과, 전세가율과 매매가 등락률의 상관관계는 의외로 미약하거나 통계적으로 유의하지 않은 경우가 많았습니다[그림1-9].

이러한 결과는 전세가율을 절대적인 기준으로 해석하는 것이 얼마나 위험할 수 있는지를 잘 보여줍니다. 예를 들어 전세가율이 낮았던 2009년 6월(64.56%)은 오히려 매매가격이 사이클상 저점이었던 시기였습니다. 반대로 전세가율이 높았던 2015년 12월(75.14%)은 매매가격이 고점 구간에 있던 시점이었습니다. 단순히 전세가율이 낮다고 해서 '투자하기 나쁜 시점'이라고 단정할 수도, 높다고 해서 '좋은 시점'이라고 단정할 수도 없는 이유입니다.

또한 2025년 9월 현재 전세가율이 70%에 미치지 않는다고 해서 투자 기회가 없다고 말할 수도 없습니다. 시장의 수급 상황, 유동성 환경, 자산의 입지와 상품성 등 다양한 변수를 함께 고려해야만 합리적인 판단이 가능하기 때문입니다.

특히 중요한 점은 전세가율 70%라는 수치가 모든 자산에 동일하게 적용되는 법칙이 아니라는 것입니다. 사람들이 갖고 싶어 하는 핵심 입지의 신축 아파트는 매매가 상승폭이 전세가 상승폭을 앞서는 경우가 많습니다. 반면 외곽의 구축 아파트는 전세가 상승폭이 매매가보다 더 크게 나타나는 경우가 흔합니다. 전세가율만을 기준으로 투자 결정을 내리는 경우, 오히려 불확실한 시점에 외곽 구축 아파트에 진입할 가능성이 높아질 수 있습니다.

결국 전세가율은 시장을 해석하는 보조적 지표일 뿐, 단독으로 투자 판단의 기준이 되기에는 분명한 한계가 있습니다.

> 전세가율은 타이밍을 알려주지 않는다.

금리·통화·성장·집값의 줄기

[그림 1-10] 주택담보대출금리 & 대구 아파트 매매가지수(+23개월)

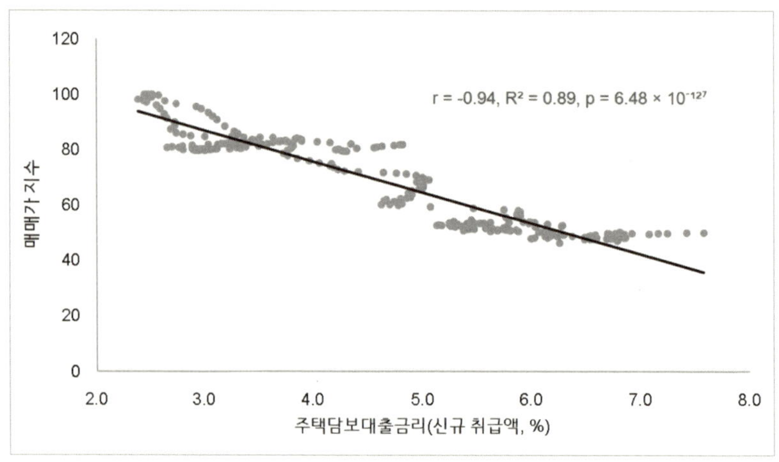

자료 출처: KB부동산, 한국은행

금리와 주택가격은 같은 시점(0개월 시차)에서도 이미 강한 음의 상관 관계를 나타냈습니다(r = 0.83). 이는 금리가 곧바로 대출 이자율에 반영되면서 가계의 차입 여력과 주택 수요에 직접적인 영향을 미친다는 사실을 보여줍니다. 한국은행이 정책적으로 '금리가 집값에 직접적인 영향을 준다'고 설명하는 것도 이러한 맥락에서 이해할 수 있습니다.

그러나 더 중요한 점은, 금리의 변화가 단기적인 효과에만 머물지 않는다는 것입니다. 금리 변동은 통화량을 조절하고, 다시 투자·고용·소득을 매개로 경제성장을 변화시키며, 이러한 파급 효과가 일정한 시차를 두고 주택시장에 반영됩니다. 실제 분석에서는 약 23개월의 시차에서 금리와 주택가격 사이의 상관관계가 더욱 강하게 나타났습니다(r = -0.94, R² = 0.89)[그림1-10].

이는 금리가 경제성장을 거쳐 주택시장에 영향을 주는 지연효과를 잘 보여줍니다.

금리는 빠르게, 집값은 느리게 반응한다

통화량 증가 = 물가(집값) 상승

[그림 1- 11] M2통화량 & 대구 아파트 매매가지수

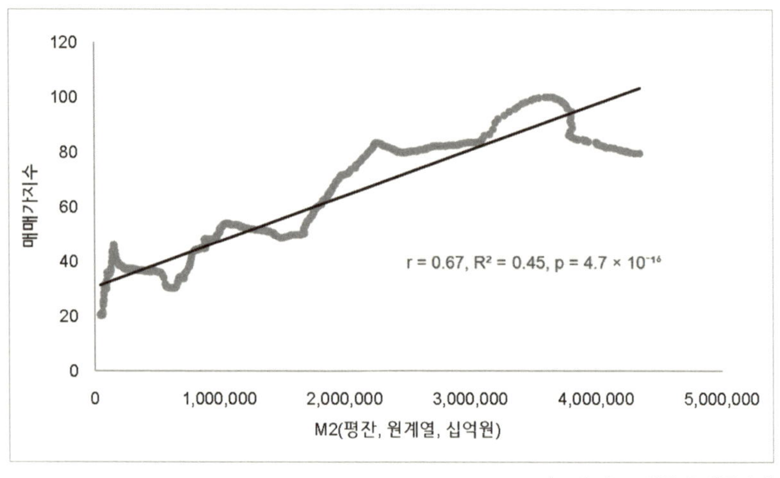

자료 출처: KB부동산, 한국은행

통화량은 거시경제의 순환 과정에서 매우 중요한 매개 변수로 작용합니다. 통화량이 확대되면 총수요가 증가하고, 이는 소비와 투자를

자극하여 물가상승 압력을 높이게 됩니다. 이러한 인플레이션 기대는 실물자산에 대한 선호를 강화시키며, 주택은 그 대표적인 자산으로 기능합니다.

실증분석 결과에서도 이러한 경향이 확인되었습니다. 통화량(M2)과 대구 아파트 매매가지수는 같은 시점에서도 이미 양의 상관관계를 보였으며(r = 0.67, R² = 0.45), 이는 유동성의 확대가 물가를 매개로 주택가격 변동에 구조적인 상승 압력을 부여한다는 점을 보여줍니다[그림1-11].

M2는 현금·요구불예금처럼 즉시 사용 가능한 자금뿐 아니라 단기 속성이 강한 예적금 등 준(準)유동성까지 포함하고 있습니다. 이는 경제주체가 실제로 소비와 투자에 투입할 수 있는 '체감 유동성'을 비교적 정확하게 보여주는 지표로서, 자산시장—특히 주택시장—의 흐름을 설명하는 데 유용하게 활용됩니다. 한국의 주택시장이 은행 예금 및 시중 유동성 흐름과 밀접하게 움직이는 특성을 감안할 때, M2는 다른 유동성 지표보다 시장 사이클을 더 명확히 반영합니다.

또한, 유동성의 변화는 당시의 경기 국면을 반영하는 중요한 신호이기도 합니다. 경기 침체기에는 정부와 중앙은행이 소비와 투자 심리를 살리기 위해 금리를 인하하고 통화량을 확대하며, 반대로 경기 과열기에는 과도한 투자와 자산가격 상승을 억제하기 위해 유동성을 조절합니다. 이러한 정책적 대응은 자연스럽게 자산시장에도 상승과 조정이 반복되는 사이클을 만들어냅니다.

유동성이 늘어나면 물가가 움직이고, 물가가 오르면 사람들은 현금보다 집 같

은 실물자산을 선호한다. 특히 경기 침체기에는 정책적 유동성 확대가 더 직

접적으로 자산시장에 파고들어, 집값을 떠받치는 힘으로 작용한다.

집값,
결국 경제의 궤적을 따라간다

대구 부동산 시장의 사이클

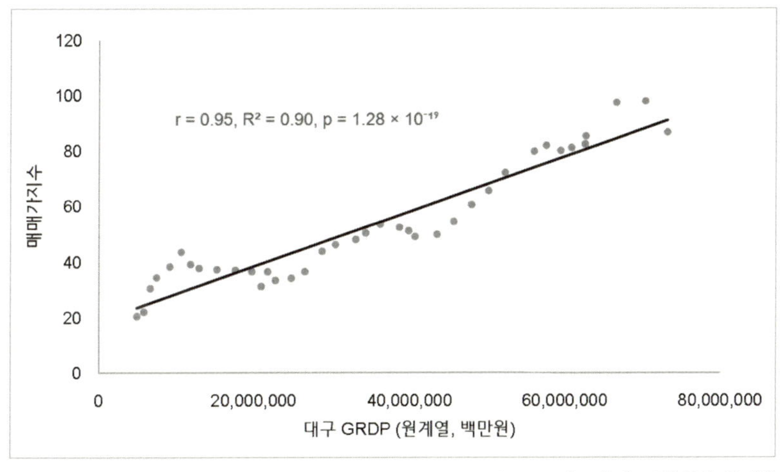

자료 출처: KB부동산, 통계청

대구 주택시장의 장기 변동을 분석하기 위하여, 1986년부터 2023년
까지 약 40년에 걸친 대구 명목 GRDP와 KB부동산 아파트 매매가 지

수를 대상으로 실증 분석을 진행하였습니다. GRDP는 지역 내 총생산을 포괄하는 지표로서 산업 성장, 고용, 소득 수준을 종합적으로 반영하기 때문에, 주택시장의 장기 흐름을 설명하는 핵심 변수라 할 수 있습니다. 분석 결과, 두 변수 간에는 매우 높은 상관관계가 나타났습니다[그림1-12].

상관계수는 $r = 0.95$, 결정계수는 $R^2 = 0.90$로 확인되었습니다. 결정계수 0.90이라는 수치는 대구 아파트 매매가 지수의 약 90%가 GRDP로 설명될 수 있음을 의미하며, 이는 통계적으로도 강한 유의성을 지니는 결과입니다. 이 분석을 통해 아파트 가격이 단기적으로는 공급 물량, 정책 변화와 같은 외부 요인에 영향을 받을 수 있으나, 장기적으로는 결국 경제 성장과 밀접하게 연동됨을 확인할 수 있었습니다.

1986년부터 2023년까지의 기간은 우리나라 경제와 대구 주택시장에서 다양한 충격이 있었던 시기였습니다. 예컨대 1990년대 초반의 200만 호 주택 공급 정책, 1997년 외환위기, 2008년 글로벌 금융위기, 그리고 2021년 이후의 공급 과잉 국면 등이 그것입니다. 그러나 이러한 충격에도 불구하고 장기적 궤적에서 살펴보면, 아파트 가격은 경제의 성장세와 궤를 같이하는 모습을 보였습니다. 이는 경제력이 주택시장의 기초적 안정성과 장기 상승 잠재력을 뒷받침하는 가장 중요한 요인임을 시사합니다.

단기 충격은 많지만, 수십 년 흐름을 보면 집값의 바닥은 결국 '그 지역이 벌어들이는 힘(경제력)'에서 형성된다.

가격 하락의 전조,
청약경쟁률

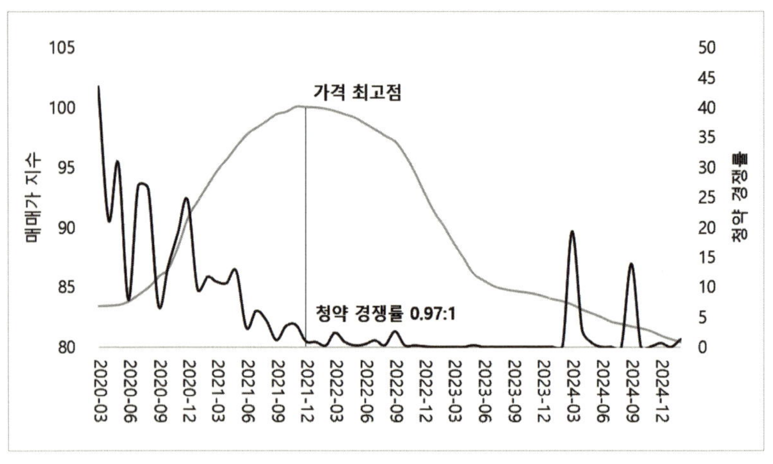

자료 출처: KB부동산, 한국부동산원

대구 아파트 가격의 하락은 단기간에 발생한 현상이 아니라, 여러

전조 신호를 남기며 점진적으로 진행된 결과였습니다. 이 과정에서 특

히 주목할 만한 변수 중 하나가 바로 청약경쟁률입니다. 청약경쟁률은 일정 분양 물량에 대해 얼마나 많은 수요가 집중되는지를 보여주는 지표로, 시장의 수요 강도와 심리적 열기를 직접적으로 반영합니다.

2020년과 2021년 대구의 청약경쟁률은 평균 약 14:1 수준에 달하였으며[그림1-13], 이는 시장 내 매수 의향이 매우 강하게 작용하고 있었음을 시사합니다. 이 시기 대부분의 분양 물량은 완판으로 이어졌으며, 수요 초과 상태가 명확히 나타났습니다. 그러나 2021년 하반기 이후 청약경쟁률은 급격한 하락세로 전환되었고, 2021년 12월에는 0.97:1이라는 수치를 기록하면서 공급 대비 수요가 역전된 최초의 시점이 도래했습니다. 이 시점은 대구 아파트 가격이 본격적인 하락 국면으로 진입하는 변곡점으로 기능하였습니다.

연도별 추세를 살펴보면, 2020년부터 2021년까지는 청약경쟁률이 높은 수준을 유지하며 분양 시장이 활황을 보였으나, 2021년과 2022년 사이에는 미분양 물량이 빠르게 증가하는 국면으로 전환되었습니다. 이후 2022년부터는 경쟁률 하락세가 더욱 심화되었고, 건설사들이 분양 일정을 축소하거나 지연하는 사례가 빈번해졌습니다. 이러한 흐름은 단순한 시장 변동이 아니라, 수요 포화 국면에 진입했음을 나타내는 구조적 신호로 해석할 수 있습니다.

주목할 점은 이와 같은 패턴이 특정 시기에 국한된 예외적 현상이 아니라는 사실입니다. 2007~2009년, 2015~2016년에도 유사한 양상이 반복적으로 관찰되었습니다. 청약경쟁률이 급락한 이후 일정한 시차를 두고 매매가격이 하락하는 흐름이 재현된 것입니다. 이는 청약경쟁률이 단순한 수요 지표를 넘어, 시장 사이클의 선행 신호로 기능함을 실증적으로 뒷받침합니다.

공급자 측면에서 살펴보면, 건설사들은 경쟁률이 낮아졌음에도 불구하고 완판만 달성할 경우 일정 수준 이상의 기대수익을 확보할 수 있었기 때문에 분양을 중단하지 않았습니다. 그러나 이러한 공급 지속은 결과적으로 미분양 물량을 누적시켜 가격 하락 압력을 가중하는 결과로 이어졌습니다. 이는 공급자와 수요자 간 이해관계의 불균형이 시장 하방 압력을 어떻게 증폭시키는지를 보여주는 사례라 할 수 있습니다.

결론적으로, 대구 아파트 시장에서 청약경쟁률은 단순한 통계지표가 아니라 가격 하락의 전조를 식별할 수 있는 중요한 선행지표로 기능합니다. 특히 2021년 12월, 청약경쟁률이 1:1 미만으로 하락한 시점은 이후 하락 국면의 출발점으로 작용했으며, 이는 과거 주기에서도 반복적으로 관찰된 현상입니다. 향후 시장 전망에 있어 청약경쟁률의 추세를 면밀히 모니터링하는 것은 분양권 투자 및 기축 아파트의 매수·매도 시점 판단에 있어 전략적 지표로 활용될 수 있습니다.

> 청약경쟁률이 1:1 아래로 떨어지는 순간, 분양 시장에서는 이미 '이 물량을 누가 받지?'라는 질문이 시작된 상태다.

외지인 투자자가 들어오면 정말 오를까

2021년초, 한 아파트 단지 임장 현장에서 들었던 중개업소 소장님의 발언은 당시 시장의 분위기를 잘 보여줍니다.

"외지 투자자들이 몰려와서 대구 집값을 올려놓더니, 지금은 안동까지 가서 집값을 올려놨다니까요."

당시 시장에서는 '외지인이 들어오면 집값이 오른다'는 인식이 거의 불문율처럼 통용되고 있었으며, 필자 역시 유사한 발언을 여러 차례 접한 바 있었습니다. 그러나 과연 외지인 투자자의 진입이 가격 상승의 전조이며 상승장의 필수 조건이라고 단정할 수 있을까요?

이 통념의 배경에는 2010~2011년 대구 아파트 시장 경험이 자리하고 있습니다. 이 시기 외지인 거래 비중은 과거 대비 큰 폭으로 상승했고, 동시에 거래량과 매매가격도 상승세로 전환되었습니다. 이러한 '동시 발생' 경험은 시장 참여자들에게 강렬하게 각인되었고, 이후 "외

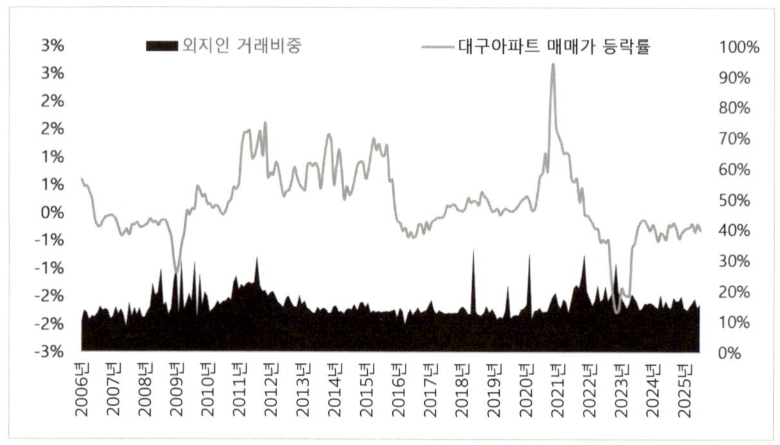

자료 출처: 한국부동산원

지인 = 상승"이라는 단순한 도식이 널리 퍼지게 되었습니다.

하지만 이는 강한 인상에 기반한 기억의 일반화일 뿐, 원인과 결과가 아닙니다. 외지인 매수가 시장 상승의 직접적 요인이라는 근거는 어디에도 없습니다. 오히려 외지인의 진입은 이미 작동 중이던 구조적 변화 — 금리 인하, 전세 수급 변화, 공급 축소, 경기 국면 전환 — 에 뒤늦게 반응한 결과일 가능성이 높습니다. 즉, 시장은 이미 움직이고 있었고, 외지인은 그 움직임을 따라 들어온 것입니다.

데이터를 보면 이러한 통념이 얼마나 취약한지 분명해집니다. 2023년 이후 하락 국면에서도 외지인 비중은 15~20% 내외를 유지했고, 일부 달에는 25% 가까이 되었지만 가격지수는 계속 하락했습니다. 외지인의 진입만으로 시장이 오르지 않는다는 사실이 선명하게 확인되는 대목입니다.

여기에는 심리적 요인이 작동합니다. 사람들은 강렬했던 과거의 사례를 기준 삼아 이후 상황을 해석하는 경향이 있습니다. 외지인과 가격 상승이 비슷한 시기에 나타났던 경험이 있었고, 그 기억이 이후의 모든 시장 판단에 '렌즈'처럼 끼워진 것입니다. 그러나 비슷한 시점에 나타났다는 사실만으로 두 현상에 인과가 있다고 결론 내릴 수는 없습니다.

2010~2011년 당시 시장을 움직였던 실질적 요인은 전혀 다른 곳에 있었습니다.

전세 매물의 급감으로 실수요자 매수가 증가했고, 저금리·유동성 확대 정책이 시중 자금을 자산시장으로 유입시켰으며, 규제 완화와 금융 접근성 개선이 수요 기반을 넓혔습니다. 여기에 글로벌 금융위기 이후 경기 회복 흐름이 겹치며 가격 상승의 토대가 마련되었습니다.

따라서 외지인 매수세는 이러한 구조적 요인들이 이미 시장을 밀어올리고 있는 국면에서 뒤따라 나타난 결과적 현상에 가깝습니다. 외지인의 진입이 상승장의 신호처럼 보였던 것은 사실이지만, 그 자체가 상승을 만드는 힘은 아니었습니다. 시장을 움직이는 근본 요인은 언제나 구조적 변화이며, 외지인 매수는 그 변화를 조금 늦게 따라잡는 하나의 흐름에 불과합니다.

> 마찬가지로 외지인도 이미 달아오른 시장을 뒤따라오는 경우가 많다.

가격은 결과,
흐름이 먼저 움직입니다

지금까지 살펴본 바와 같이, 부동산 시장은 단기적으로는 전세 수급과 매수심리, 거래의 흐름을 거쳐 가격이 움직이고, 장기적으로는 금리와 통화량, 거시경제 환경이 방향성을 결정하는 구조를 지니고 있습니다. 이 두 흐름은 각각 독립적으로 작용하기도 하지만, 실제 시장에서는 자주 겹쳐 나타나며 전환점의 강도를 키우는 역할을 합니다.

따라서 매수우위지수, 매매가격전망지수, 전세수급지수, 공급, 거래량, 청약경쟁률, 금리, 통화량, 경제성장률 같은 지표들은 단순한 참고 수치가 아니라, 시장 전환과 방향성을 읽어내는 핵심 신호체계라고 할 수 있습니다.

이제 다음 장에서는 이러한 틀을 바탕으로, 실제 시장에서 심리와 거래가 어떻게 움직이며 사이클을 만들어가는지를 살펴보겠습니다.

좋은 타이밍은 언제나 가격이 아니라, 그 앞에서 움직이는 흐름을 먼저 본 사람에게 돌아간다.

2장

거래심리와 인간행동의 메커니즘

부동산 시장에서 작용하는 인간의 심리

부동산 시장은 숫자와 데이터의 영역처럼 보이지만, 그 이면에는 언제나 인간의 심리가 작동하고 있습니다. 시장의 움직임을 좌우하는 것은 단순한 공급과 수요의 함수만이 아니라, 그 속에서 판단하고 선택하는 인간의 인지적 편향과 집단적 행동입니다. 이러한 심리를 이해하는 것은 시장의 흐름을 읽는 것만큼이나 중요하며, 투자 타이밍과 전략을 결정하는 핵심 열쇠가 됩니다.

사람들은 종종 미래를 낙관적으로 바라보는 경향을 보입니다. 이를 '과도한 낙관 편향'이라고 하며, 특히 부동산 시장에서 강하게 나타납니다. '집값은 결국 오른다'는 믿음은 과거 상승장의 경험에서 비롯되지만, 이러한 믿음이 지나치면 하락 신호가 분명히 나타나도 이를 무시하고 시장에 남아 있게 만듭니다.

또한 사람들은 현재의 흐름이 미래에도 이어질 것이라 쉽게 생각하는데, 이는 '추세 지속 편향'으로 불립니다. 상승장이 길어질수록 사람들은 그 상태를 '정상'이라 착각하고, 조정 가능성을 과소평가한 채 무리한 매수를 감행합니다. 그러나 시장은 결코 직선적으로 움직이지 않습니다. 달이 차면 기울듯, 부동산 가격도 상승과 하락의 주기를 반복하며 움직입니다.

'닻내림 효과'도 가격 판단을 왜곡하는 주요 원인입니다. 사람들은 처음 접한 가격을 기준점으로 삼아 이후 판단을 내리는 경향이 있습니다. 예컨대 '대구 아파트는 5억'이라는 과거의 기억이 고착되면, 소득 수준이나 수요 구조가 달라져 10억 원이 합리적인 수준이 되더라도 이를 쉽게 받아들이지 못합니다. 이처럼 닻내림은 시장 현실을 객관적으로 판단하는 눈을 가립니다.

부동산 시장에서 인간의 판단은 결코 개인적인 차원에 머물지 않습니다. 사람들은 타인의 시선을 의식하고, 집단의 행동에 영향을 받으며, 그 안에서 자신의 선택을 조정합니다. 이를 대표하는 것이 케인즈가 말한 '미인 투표 효과'입니다. 사람들은 자신이 좋아하는 아파트보다 '다른 사람들이 좋아할 것 같은 아파트'를 선택하는 경향을 보입니다. 이는 미래의 재판매 가능성을 고려한 행동이지만, 동시에 집단 심리에 휘둘리는 결과를 낳기도 합니다.

'동조 편향' 역시 강력하게 작동합니다. 다수가 내리는 판단이 틀렸다는 것을 알고 있어도, 혼자가 되는 것을 두려워하며 그 흐름에 동조하는 것입니다. 이는 시장에서 '군집 매수' 현상으로 나타나는데, 가격이 오를 때 다수의 매수자에 편승하지 않으면 소외될 것 같은 두려움이 투자 판단을 지배합니다.

사람들은 또 다른 이들의 행동을 모방하며 움직이는데, 이를 '모방 효과' 또는 '군집 행동'이라 부릅니다. 줄 서 있는 식당을 보면 '맛집일 것'이라 생각하듯, 많은 사람이 매수하는 아파트는 그 자체로 가치가 있다고 믿게 됩니다. 이렇게 형성된 믿음이 다시 수요를 자극해 가격을 끌어올리는 현상은 '자기실현적 기대'로 이어집니다.

행동경제학이 밝힌 것처럼 인간은 이익보다 손실에 훨씬 민감합니다. '손실 회피 편향'은 같은 금액이라도 손실의 고통이 이익의 기쁨보다 두세 배 이상 크게 다가온다는 것을 의미합니다. 이 때문에 가격이 충분히 조정돼 매수 타이밍이 도래했음에도 '혹시 더 떨어지지 않을까' 하는 불안을 떨치지 못하고 진입을 망설이게 됩니다.

또 다른 중요한 심리는 '처분 효과'입니다. 사람들은 이익 난 자산은 빨리 팔아 치우는 반면, 손실 난 자산은 끝까지 붙잡으려는 경향을 보입니다. 반대로, 심리적 고통에서 벗어나기 위해 손실 자산을 한꺼번에 정리하는 '쾌락적 처분 효과'도 나타납니다. 이 두 가지는 하락장 말기의 극단적인 '투매' 현상을 이해하는 데 중요한 실마리가 됩니다.

시장에서는 위험보다 '불확실성'을 더 두려워합니다. 위험은 어느 정도 예측이 가능하지만, 불확실성은 결과의 확률조차 모를 때 발생하기 때문입니다. 여기에 '부정성 편향'이 더해져 '폭락', '깡통전세'와 같은 부정적인 뉴스는 긍정적인 신호보다 훨씬 강하게 사람들의 심리를 흔듭니다. 이 때문에 투자자들은 객관적 데이터보다 감정적 반응에 기반한 의사결정을 내리기 쉽습니다.

부동산 시장에서 마케팅은 단순한 홍보를 넘어 인간의 인지 구조를 교묘히 자극합니다. 대표적인 것이 '대비 효과'입니다. 비싼 집, 보통 집, 저렴한 집을 함께 보여주면 사람들은 자연스럽게 차선인 보통 집을 선택합니다.

내 손에 들어온 순간 실제 가치 이상으로 애착을 갖게 되는 '소유 효과' 역시 소비자의 판단을 왜곡합니다.

모델하우스에서 활용되는 조명, 향기, 유명 연예인 광고 등은 단순한 장식이 아닙니다. 이는 모두 소비자의 감정과 상상을 자극하는 장치이며, 이러한 감정적 반응이 구매 결정을 합리적 분석보다 앞서도록 만듭니다. 이를 '프레이밍 효과'라고 부르며, 부동산 시장에서 심리적 설득이 어떤 방식으로 이루어지는지를 잘 보여줍니다.

사람들은 자신이 내린 선택을 합리화하려는 경향이 있습니다. 오래 거주한 지역에 대한 애착이 커져 단점을 객관적으로 보지 못하는 '지역 편향'이 대표적입니다. 투자 결정 이후에는 '내 선택이 옳았다'는 믿음을 유지하기 위해 불편한 정보를 무시하거나 축소합니다.

또한 기다림을 견디지 못하고 불필요한 행동을 반복하는 '행동 편향', 투자 실패를 외부 요인 탓으로 돌리는 '자기 방어 기제'도 흔히 나타납니다.

가격에 대한 인식과 기대는 서서히 변화하는 것처럼 보이지만, 실제로 인간의 행동은 일정한 지점에서 급격히 전환되는 특성을 갖습니다. 이는 '문턱 효과'로 설명할 수 있습니다. 사람들은 지표나 가격이 조금씩 움직일 때는 큰 변화를 체감하지 못하고 행동도 거의 바꾸지 않습니다. 그러나 일정한 심리적 임계점을 넘어서는 순간, 그동안 억눌려 있던 매수 또는 매도 심리가 폭발적으로 분출됩니다.

예를 들어 시장 상황이 다소 불리할 때는 '아직은 괜찮다'는 판단이 우세하지만, 매수심리 지표나 가격이 임계선을 넘는 순간'이러다 기회를 놓칠 수도 있다'는 불안감이 급격히 커지며 집단적 매수 행동으로 이어집니다. 이 때문에 시장은 점진적으로 움직이다가도 어느 순간 '급격히 방향을 틀어버리는'것처럼 보이는 현상이 자주 나타납니다.

이러한 현상은 행동경제학자 대니얼 카너먼과 아모스 트버스키가 제시한 프로스펙트 이론으로도 설명할 수 있습니다. 인간의 선택은 선형적이지 않고, 기준점을 넘어설 때 반응 강도가 급격히 커지는 비선형적 성격을 보입니다. 부동산 시장의 '급격한 전환점'은 바로 이 심리적 문턱을 통과할 때 나타나는 전형적 현상이라 할 수 있습니다.

부동산 시장에서 심리는 단순한 부차적 요소가 아니라, 가격 형성과 투자 흐름을 결정짓는 핵심 변수입니다. 인간의 인지 편향과 집단 심리를 이해하면 시장이 왜 특정 국면에서 과열되고, 또 언제 급격히 식어가는지 그 이유를 보다 명확히 파악할 수 있습니다. 데이터를 분석하는 것만으로는 보이지 않던 시장의 움직임이, 심리를 읽을 줄 아는

순간 비로소 선명하게 보이기 시작합니다. 결국 심리를 이해하는 일은
시장을 이해하는 일과 다르지 않습니다.

집값은 인간의 편향과 군중심리가 서로 증폭되며 만들어지는 집단적 결과다.
이 심리를 읽으면 가격의 방향도 함께 읽힌다.

왜 사람들은 손해를 보면서도
집을 파는가

부동산 실거래 자료를 살펴보다 보면, 시세보다 현저히 낮은 가격에 거래가 체결되는 사례를 종종 확인할 수 있습니다. 이러한 거래는 흔히 '급매' 또는 '투매'로 설명되지만, 단순한 자금 사정이나 외부 요인만으로는 충분히 해석되지 않습니다.

본 절에서는 이러한 비정상적 거래가 발생하는 심리적 배경을 살펴보고자 합니다. 특히 손실회피 편향과 쾌락적 처분주의 편향이 투자자의 매도 판단에 어떤 영향을 미치는지, 그리고 두 편향이 결합할 때 투매 현상이 어떻게 촉발되는지를 분석합니다.

대니얼 카너먼 교수는 인간이 동일한 금액의 이익과 손실에 대해 대칭적으로 반응하지 않는다는 점을 실험으로 입증했습니다. 사람들은 동일한 금액의 이익보다 손실에서 최소 두 배 이상의 심리적 고통을 경험합니다. 이를 손실회피 편향이라 부릅니다.

부동산 시장에서도 이러한 심리는 자산 가치 하락에 직면했을 때 뚜렷하게 나타납니다. 일정 부분 손해를 감수하고 매도하는 것이 더 큰 손실을 피할 수 있는 선택이라고 생각하는 순간, 매도는 합리적 결정으로 인식됩니다. 여기서 말하는 손실은 단순한 금전적 손해를 넘어섭니다. 사회적 신뢰의 훼손, 평판 저하, 인간관계 악화 등 심리적·사회적 비용까지 포함됩니다. 이러한 요인들은 개인이 '지금 손실을 감수함으로써 더 큰 손실을 회피한다'는 판단을 하도록 유도하며, 결과적으로 손해를 감수한 매도를 방어적 행동으로 정당화하게 만듭니다.

손실을 피하려는 심리와 함께 자주 나타나는 것이 쾌락적 처분주의 편향입니다. 이는 손실 상태를 지속적으로 직면할수록 불쾌감이 커지고, 이를 조기에 처분해 심리적 안정을 되찾으려는 경향을 뜻합니다. 주식 시장에서 손실 난 종목을 조기에 매도하는 행태가 대표적이며, 부동산 시장에서도 유사한 패턴이 관찰됩니다.

보유 중인 자산이 지속적으로 하락할 때, 그 자산을 바라보는 것 자체가 심리적 부담으로 작용합니다. 하락 시세, 임대차 만기를 앞둔 불안감, 부정적인 뉴스는 누적된 스트레스로 전환됩니다. 결국 투자자는 경제적 손실이 아니라 심리적 고통을 줄이기 위해 매도를 선택하게 됩니다.

손실회피 편향과 쾌락적 처분주의 편향이 동시에 작동할 경우, 판단은 합리적 계산보다 감정적 반응에 의해 지배되기 쉽습니다. 지금 손실을 감수하더라도 고통에서 벗어나고 싶다는 욕구가 의사결정을 압도합니다.

이러한 심리 구조는 개별 투자자의 매도 결정을 넘어 시장 전반으로 확산됩니다. 다수의 참여자가 유사한 감정적 판단을 내리기 시작하면 급매물이 연쇄적으로 등장하고, 이른바 투매 현상이 나타납니다. 시장 참여자들은 이성적 판단보다 감정적 해방을 우선시하게 되고, 이러한 심리적 전염이 시장 전체의 가격 흐름을 단기간에 바꾸어 놓습니다.

손실회피 편향과 쾌락적 처분주의 편향은 모두 감정에 근거한 자동적 반응에서 비롯됩니다. 단기적으로는 이러한 반응이 고통 회피라는 심리적 안도감을 줄 수 있지만, 장기적으로는 투자 판단을 왜곡시키는 요인이 됩니다.

결국 투매는 경제적 현상이라기보다 심리적 현상입니다. 시장을 제대로 해석하고 대응하기 위해서는, 감정이 어떻게 작동하고 어떻게 관리될 수 있는지를 이해하는 것이 필수적입니다. 다음에서는 이러한 감정의 작동 메커니즘을 행동경제학과 인지심리학의 관점에서 분석하고, 이해를 통해 감정을 누그러뜨리는 방법을 살펴보겠습니다.

> 투매는 숫자가 아니라 감정이 만든 행동이다. 손실 회피와 심리적 압박이 결합하면 사람들은 스스로 손해를 확정짓는 결정을 내린다.

왜 이해는
감정을 누그러뜨리는가

앞선 절에서 살펴본 투매 현상은 단순한 가격 하락만으로 설명할 수 있는 결과가 아닙니다. 그 이면에는 투자자의 감정과 심리 편향이 작동하고 있습니다.

본 절에서는 이러한 감정이 어떻게 형성되고, 왜 투자 판단을 왜곡하게 되는지를 다루고자 합니다. 특히 감정이 사건 자체가 아니라 해석 과정에서 비롯된다는 점, 예측 가능성이 감정 반응을 약화한다는 점, 그리고 메타인지가 감정과 판단 사이의 거리를 만들어낸다는 점을 중심으로 살펴보겠습니다.

감정은 외부 사건 자체에서 직접 발생하는 것이 아니라, 개인이 해당 사건을 어떻게 해석하느냐에 따라 형성됩니다. 동일한 시장 상황이라 하더라도 해석 방식에 따라 감정의 강도는 달라집니다.

예를 들어, 2022년말에서 2023년초 대구 아파트 시장이 급격한 조정을 겪었을 때, 초보 투자자들은 급락과 부정적 뉴스에 불안과 공포를 느꼈습니다. 반면 경험 많은 투자자들은 이를 사이클상의 조정 구간으로 인식했고, 감정적 동요 역시 상대적으로 낮았습니다. 이 사례는 사건 자체보다 해석의 방식이 감정의 크기를 결정짓는 핵심 요인임을 보여줍니다. 감정의 증폭은 주로 불확실성에서 비롯됩니다. 반대로 시장의 패턴과 구조를 인식하고 이를 사전에 예측할 수 있을 때 감정의 동요는 현저히 줄어듭니다.

시장 사이클의 흐름과 심리 편향의 작동 방식을 이해하고 있는 투자자들은 급락 국면에서도 안정된 태도를 유지합니다. 수요가 위축되는 시점과 공급이 집중되는 시기를 읽어낼 수 있다면, 가격 조정은 예외적 사건이 아니라 예상된 과정으로 받아들일 수 있습니다. 또한 정책이나 변수의 변동 시점을 파악하고 있다면, 변동성은 위기가 아닌 예측 가능한 진폭으로 인식됩니다.

이해는 단순한 지식 습득이 아니라, 자신의 심리 상태를 인식하고 조절할 수 있는 메타인지적 전환점입니다. 손실에 대한 두려움으로 판단이 흔들리고 있음을 자각하는 순간, 감정은 더 이상 행동을 직접 지배하지 못합니다. 투자자는 감정에 휘둘리는 위치에서 벗어나, 감정을 인식하고 평가하는 위치로 이동합니다. 이러한 심리적 거리는 투자 판단의 일관성과 합리성을 유지하는 핵심 요소입니다.

감정은 이해를 통해 완전히 제거할 수 있는 대상이 아닙니다. 시장이 요동치는 한 감정은 지속적으로 발생합니다. 그러나 감정을 인식하고 해석하는 틀을 갖추게 되면, 감정이 행동을 지배하는 구조를 차단할 수 있습니다. 이해 이전에는 감정이 자동적 판단과 충동적 행동으로 직결되기 쉽지만, 이해 이후에는 감정이 인식으로 전환되고 숙고를 거쳐 전략적 판단으로 이어집니다. 이는 감정이 사라지는 것이 아니라 결정의 주체에서 객체로 전환되는 과정이라 할 수 있습니다.

이해는 감정을 제거하는 수단이 아니라, 감정이 판단과 행동에 미치는 영향을 통제하는 도구입니다. 시장 환경의 파도는 통제할 수 없지만, 그 파도에 반응하는 방식은 통제할 수 있습니다. 감정의 파도 위에서 균형을 유지하는 것, 그것이 시장을 읽는 데 필요한 첫 번째 역량입니다.

> 시장의 구조를 이해하는 순간 공포는 사건이 아니라 패턴으로 보인다.
> 이해는 감정을 제어하는 가장 강력한 장치다.

사람들은
왜 같은 실수를 반복할까?

'우리는 역사에서 아무것도 배우지 못한다는 것을 역사에서 배운다.' 윈스턴 처칠의 이 말은 인간 행동의 본질을 정확히 꿰뚫고 있습니다. 인류는 역사적으로 수많은 위기와 거품, 붕괴를 경험했음에도, 여전히 유사한 실수를 반복합니다. 기술은 발전하고 사회는 변했지만, 인간의 심리 구조는 크게 달라지지 않았기 때문입니다.

유발 하라리의 〈사피엔스〉에서 언급되듯이, 우리의 뇌와 마음은 여전히 수렵채집 시대에 맞추어져 있습니다. 수렵채집인은 생존을 위해 즉각적이고 본능적인 의사결정을 내리는 능력을 진화시켜 왔습니다. 달콤한 열매를 발견했을 때 이를 모두 먹는 것이 생존 확률을 높였고, 위험이 감지되면 무리 지어 행동하는 것이 자신을 보호하는 전략이었습니다.

이러한 본능은 수백만 년 동안 인간의 DNA에 깊이 각인되었습니다. 반면, 농경이 시작된 것은 불과 1만 년 전, 산업사회로의 전환은 200년도 채 되지 않았습니다. 인간이 오랜 시간에 걸쳐 진화시켜 온 본능에 비하면 현대 자본시장은 너무나 짧은 역사일 뿐입니다. 우리의 심리는 현대 사회에 맞게 진화할 시간을 충분히 가지지 못한 상태입니다. 그렇기에 과거의 행동 패턴이 오늘날에도 반복되는 것은 어찌 보면 당연한 일입니다.

이러한 진화적 본능은 특히 투자 시장에서 강력하게 드러납니다. 시장 가격과 투자자 심리는 마치 거울처럼 서로를 반영하며 진폭을 키워갑니다. 가격이 상승하면 투자 심리는 낙관적으로 변하고, 이 심리는 다시 가격 상승을 부추깁니다. 과열 국면에서는 '지금 아니면 늦는다'는 조급함이 팽배해지고, 이윽고 거품이 꺼지면 공포와 패닉이 동시에 시장을 덮습니다. 가격 하락은 심리 위축을 낳고, 심리 위축은 다시 가격을 끌어내리는 악순환이 반복됩니다.

이러한 패턴은 단순한 우연이 아니라 인간 본능이 만들어내는 집단적 행동의 결과입니다. 수백만 년 전 위험에 반응하던 방식이 오늘날 투자시장에서도 똑같이 작동하고 있는 것입니다. 왜 사람들은 이러한 패턴을 알고도 또다시 실수를 반복할까요? 이는 단순한 무지가 아니라, 인간이 가진 심리적·생물학적 구조에 뿌리를 두고 있습니다.

인간은 즉각적인 보상에 민감한 본능을 갖고 있습니다. 수렵채집 시대에는 언제 먹을 수 있을지 알 수 없었기에, 달콤한 열매를 발견하면 가능한 한 많이 섭취하는 것이 생존 전략이었습니다. 오늘날 투자 시장에서는 이러한 본능이 '단기 시세차익에 대한 집착'이라는 형태로 나타납니다. 당장의 수익 기회가 보이면 합리적 계산보다 본능적 욕구가 우선하게 됩니다.

인간은 위험 회피 성향을 지닙니다. 손실 회피 편향이라 불리는 이 성향은 같은 금액의 손실이 이익보다 훨씬 더 강한 정서적 반응을 유발한다는 것을 의미합니다. 그래서 사람들은 손실을 피하려고 오히려 손해를 확대하는 결정을 내리는 경우가 많습니다. 시장이 하락할 때도 '지금 팔면 손해'라는 생각 때문에 매도를 미루다가 결국 더 큰 손실을 떠안는 경우가 대표적입니다.

인간은 군집 행동에 익숙합니다. 과거에는 무리를 이루어 행동하는 것이 포식자로부터 자신을 지키는 생존 전략이었습니다. 이 본능은 오늘날에도 '양떼 효과'로 나타납니다. 주변 사람들이 투자할 때 나만 가만히 있는 것은 심리적으로 매우 큰 불안감을 유발합니다. 결과적으로 사람들은 자신만의 판단보다 집단의 움직임을 따르게 됩니다.

이 세 가지 메커니즘은 모두 생존 전략에서 비롯된 심리적 반응입니다. 하지만 투자 시장에서는 이 본능이 합리적 판단을 방해하고 실수를 반복하게 만드는 근본 원인으로 작용합니다.

흥미로운 점은 투자자들이 과거의 실패를 인식하고도 여전히 '이번만은 다르다'고 생각한다는 점입니다. 가격 상승이 시작될 때마다 사람들은 스스로 '이번은 구조가 다르고, 지난번과는 다를 것'이라고 설득합니다. 그러나 시장은 인간의 의지와 상관없이 본능의 패턴을 충실히 따라갑니다.

결국 시장 사이클의 상승과 하락은 경제 변수만으로 설명되는 것이 아니라, 인간의 본능이 만들어내는 집단 심리의 진폭으로 설명되는 경우가 많습니다. 본능은 곧 투자 패턴이며, 투자 패턴은 곧 시장의 구조를 형성합니다.

인간은 자신이 진화의 산물이라는 사실을 쉽게 잊습니다. 그러나 투자 시장에서 반복되는 패턴은 이 사실을 여실히 보여줍니다. 달콤한 수익을 추구하고, 손실을 피하려 하고, 무리를 따라가는 본능은 단기간에 바뀔 수 없습니다. 따라서 실수의 반복은 개인의 의지력 부족이나 무지의 문제가 아니라 인간이라는 종의 특성에서 비롯됩니다. 경제 위기, 자산 버블, 주택시장 과열과 붕괴는 과거에도 있었고, 앞으로도 반복될 것입니다. 이러한 본능이 존재하는 한, 시장 역시 동일한 사이클을 그릴 가능성이 높습니다. 적어도 우리가 살아 있는 동안에는 이 패턴이 근본적으로 바뀌지 않을 가능성이 큽니다.

사람들은 역사를 통해 배우지 못하는 것이 아니라, 배운 것을 본능이 덮어쓰기 때문에 같은 실수를 반복합니다. 시장의 흐름을 예측하는 데 있어 단순히 경제 지표나 정책 변수를 보는 것만으로는 충분하지 않습니다. 그 이면에서 움직이는 인간 본능과 투자 심리를 이해하는 것이 훨씬 중요합니다.

이성적 분석이 본능을 이기기는 어렵지만, 최소한 본능이 어떻게 작동하는지를 알고 있다면 집단적 오류에 휩쓸리는 것을 줄일 수 있습니다. 투자에서 진정한 경쟁력은 미래를 예측하는 능력만이 아니라, 자기 자신의 본능을 제어하는 능력에서 비롯됩니다.

아파트 시장, 늘 불안했다
그리고 또 불안할 것이다

부동산 시장에서 흔히 들을 수 있는 말 중 하나가 '요즘 시장이 너무 불안하다'입니다. 실제로 많은 사람들이 시장의 움직임에 대해 불안감을 토로합니다. 그러나 데이터를 면밀히 들여다보면, 이 불안은 일시적인 현상이 아니라 시장의 본질적 속성에 가깝다는 사실을 확인할 수 있습니다.

대구 아파트 시장은 특정 시점의 불안이 아니라, 항상 일정 수준 이상의 변동성과 진폭을 지녀온 시장이었습니다. 이는 개인의 체감이나 분위기가 아니라, 수치로도 명확히 드러납니다.

표준편차는 가격의 등락이 얼마나 들쑥날쑥했는지를 보여주는 통계적 수치로, 값이 높을수록 변동성이 크다는 뜻입니다.

2008년부터 2024년까지의 대구 아파트 매매가 지수 등락률 데이터를 기준으로 연도별 표준편차를 산출해 보면, 흥미로운 패턴이 나타납니다. 일부 기간을 제외하면 대부분의 해에서 표준편차는 0.05 이상으로 나타났습니다[그림2-1]. 이는 단순히 시장이 상승하거나 하락했다는 의미가 아니라, 단지 간 낙폭과 상승폭의 차이가 상당했다는 것을 뜻합니다.

즉, 어떤 시기에는 오르더라도 제각각 오르고, 떨어질 때도 일정하지 않게 움직였습니다. 많은 사람들이 상승기에는 '이번만은 다르다'고 생각했고, 하락기에는 '이렇게까지 떨어질 줄은 몰랐다'고 말했습니다. 그러나 시장은 사실 항상 요동치고 있었습니다.

통계는 이러한 흐름을 분명하게 보여줍니다. 2021년부터 2022년까지의 시기는 투자 수요와 기대 심리가 집중되면서 단지별 상승 폭이

[그림 2-1] 연도별 대구 아파트 매매가지수 표준편차

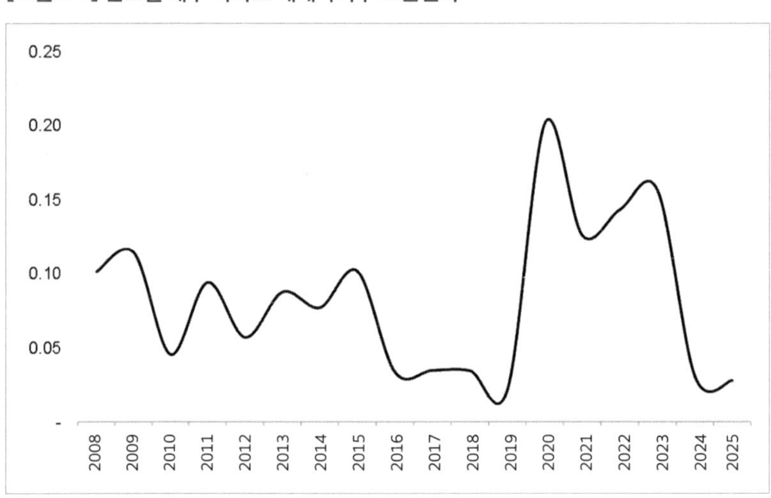

자료 출처: KB 부동산

컸던 대표적인 과열기였습니다. 이 시기의 표준편차는 약 0.22 수준으로, 시장 내 변동성이 매우 크게 나타났습니다. 반면 2025년 현재의 표준편차는 약 0.028로, 등락 폭이 거의 없는 비정상적으로 조용한 상태를 보여주고 있습니다.

거래량 역시 줄어들었고, 가격 변동도 미미해 겉으로 보기에는 안정된 시장처럼 보일 수 있습니다. 하지만 이런 고요함이야말로 오히려 가장 불안한 신호일 수 있습니다. 과거에도 시장에는 항상 이런 잠시 숨을 고르는 듯한 시기가 있었고, 그 직후에는 어김없이 더 큰 파동이 뒤따랐습니다. 현재 시장 역시 마찬가지로, 일시적인 안정이 아니라 파동 직전의 정적 속에 들어와 있는 것에 불과합니다.

대구 부동산 시장의 변동성은 단순히 경기 변동이나 공급 요인, 또는 일시적 외부 충격 때문만이 아니라, 광역권 수요의 구조적 특성과 밀접하게 연결되어 있습니다. 이 시장은 상승기와 하락기를 거치면서 반복적으로 매수심리의 급등과 급락을 경험해 왔으며, 이러한 흐름은 시장이 장기간에 걸쳐 '평온한 상태'를 유지하기 어렵게 만드는 중요한 배경으로 작용합니다.

대구는 대구·경북 광역권의 중심도시로서, 인접 지역의 실수요와 투자수요가 집중되는 경향을 보입니다. 상승 국면이 시작되면 광역권 내 자금과 수요가 대구로 몰리면서 투자심리가 단기간에 과열되고, 거래량과 가격의 진폭이 빠르게 확대됩니다. 이러한 수요 집중 효과는 시장의 상승 속도를 가속화시키는 동시에 매수심리의 급등을 유발하여, 다른 중소 도시와 달리 국면 전환이 매우 뚜렷하게 나타나는 구조를 만듭니다.

그러나 이러한 집중은 한편으로는 불안정성의 근원이 되기도 합니다. 하락 국면에 진입하면 상승기 동안 대구로 몰렸던 수요가 빠르게 이탈하며, 투자수요의 특성상 하락 신호에 민감하게 반응하면서 '썰물 효과'가 나타납니다. 이 과정에서 매수심리는 단기간에 급격히 위축되고, 거래량 감소와 가격 조정이 빠르게 진행됩니다. 결과적으로 시장은 상승과 하락의 진폭이 크게 벌어지는 롤러코스터형 사이클을 반복하게 됩니다.

이러한 구조는 대구만의 특수한 현상이라기보다, 서울·부산·대전 등 광역권의 중심 도시에서 공통적으로 관찰되는 특징입니다. 광역권 내에서 수요가 집중되는 도시일수록 상승기에는 수요가 한 방향으로 몰리며 심리가 과열되고, 하락기에는 수요가 급격히 빠져나가며 심리가 냉각되는 흐름이 반복됩니다. 결국 수요의 절대 규모가 큰 도시일수록 그만큼 변동성도 커지며, 시장이 안정적으로 머무는 기간은 상대적으로 짧아집니다.

이와 같은 수요 집중과 이탈 메커니즘은 단순히 가격의 등락을 넘어 심리 지표의 진폭 확대로 이어지고, 이러한 심리의 과열과 냉각이 교차하는 구간에서 시장의 불안정성이 구조적으로 고착됩니다. 다시 말해, 대구 부동산 시장이 장기간의 '평온'을 유지하기 어려운 이유는 시장 외부의 일시적 충격 때문이 아니라, 광역권 수요의 집중 구조 자체가 만들어내는 내재적 특성에 기인한다고 할 수 있습니다. 따라서 우리는 시장을 바라볼 때 '언제쯤 안정될까?'라는 질문보다는 '다음 파동에 어떻게 대비할 것인가?'라는 질문을 던질 필요가 있습니다.

시장은 상승과 하락이라는 양극단을 오가며 끊임없이 변동해왔습니다. 상승기에는 낙관이, 하락기에는 절망이 시장을 지배했지만, 실제로 시장은 늘 진동하고 있었고, 앞으로도 진동할 것입니다. 따라서 중요한 것은 특정 시점의 상황에 과도하게 감정적으로 휘둘리는 것이 아니라, 변동성 자체를 시장의 본질로 받아들이는 관점을 갖는 것입니다.

> 시장의 변동성은 예외가 아니라 정상적인 현상이다.
> 지금의 불안도 과거와 동일한 패턴 속에서 반복될 뿐이다.

사람들은 집이 아니라
계층을 산다 Ⅰ

주거 선택은 단순한 물리적 공간의 문제가 아니라 계층 욕구와 깊이 연결된 심리적 선택입니다. 이러한 계층 욕구가 실제 상황에서 어떻게 드러나는지, 주변에서 관찰한 몇 가지 사례를 통해 살펴보겠습니다.

제 지인 중 한 사람은 비정규직으로 일하며 매년 고용이 불안정한 상황에 놓여 있었습니다. 정규직 전환 여부도 명확하지 않아 장기적인 미래 계획을 세우기 어려웠습니다. 그럼에도 그는 매달 저축을 이어가며 외곽 지역의 30평대 구축 아파트 매입을 진지하게 고민했습니다. 시세는 1억 원대였지만 슬럼화가 진행된 지역으로 평가받는 곳이었습니다. 그에게 이 아파트는 단순한 주거 공간이 아니라 '계층 상승의 출발점'이었습니다. 불안정한 삶 속에서 '내 집 한 채'는 계층적 불안을 해소하는 상징적 안전망이었습니다.

또 다른 지인은 조선소 하청업에 종사하다 큰 사고를 겪으며 수억 원의 손실을 입었습니다. 이후 그는 외곽 지역 전세로 이주했지만, 자신이 잃은 금액을 반복해서 언급하며 단순한 재산 손실이 아니라 '사회적 위치가 무너졌다'는 감각을 드러냈습니다. 그는 다시 중산층으로 복귀하고자 하는 욕망이 강했고, 결국 무리한 대출을 통해 중산층 밀집 지역의 신축 아파트를 매수했으며 사교육 지출까지 확대했습니다. 표면적으로는 자녀 교육 때문처럼 보였지만, 실제로는 '뒤처지고 싶지 않다'는 계층 복원 욕구(FOMO)가 핵심이었습니다.

다른 지인 한 명은 구미의 대기업에 재직 중이었음에도 불구하고 대구 수성구 범어동 거주를 고수했습니다. 통근 거리와 비용을 감수하면서도 범어동을 선택한 이유는 단순한 생활 편의나 학군 때문이 아니었습니다. 범어동은 대구 내에서 대표적인 상류층 상징 지역으로 인식되는 곳으로, 그는 자신을 이 상징적 공간에 연결시키고자 하는 욕구를 강하게 드러냈습니다.

세 지인의 사례는 출발점과 환경은 다르지만, 현재의 경제적 형편과는 다소 다른 주거 선택을 계층 욕구가 이끌고 있었다는 공통점을 보여줍니다.

어떤 이는 빈곤을 벗어나기 위해, 어떤 이는 잃어버린 중산층 위치를 회복하기 위해, 또 어떤 이는 상류층에 속하고자 하는 욕망 때문에 주거를 선택했습니다.

결국 주택은 단순한 생활재가 아니라 사회적 지위를 매개하는 상징적 자산입니다.

그러나 이러한 계층적 주거 선택은 성취 이후에도 만족이 오래 지속되지 않습니다. 쾌락적 적응이론이 보여주듯, 인간은 목표를 이루면 곧 더 높은 지위를 추구합니다. 주거를 통한 계층 이동은 끝없는 과정이며, 개인의 행복을 보장하지 못할 수도 있습니다.

많은 사람에게 집은 거주가 아니라 계층을 증명하는 신호다.
이 신호가 가격을 만들고 시장을 움직인다.
결국 우리는 집을 사는 동시에 계층을 산다고 할 수 있다.

사람들은 집이 아니라
계층을 산다 Ⅱ

주택은 단순한 거주 공간 이상의 의미를 지닙니다. 많은 사람들에게 집은 자신이 속하고자 하는 사회적 집단과 계층을 보여주는 상징적 자산이며, 이를 통해 사회적 신호를 발신하는 수단으로 기능합니다. 다시 말해, 부동산 시장에서의 선택은 '주거의 효용'만으로 설명되지 않으며, 계층적 정체성과 사회적 지위 욕구가 중요한 동인이 됩니다. 2025년 9월 현재의 가격 흐름을 보면, 이러한 경향은 더욱 분명하게 나타납니다.

KB부동산의 전용면적별 아파트 매매가격 지수에 따르면, 2022년4월 이후 전반적인 하락세 속에서 중형 평형대는 상대적으로 가격을 방어한 반면, 소형·중대형·대형 평형대는 공통적으로 뚜렷한 하락세를 보였습니다[그림2-2]. 이는 단순한 공급·수요 불균형이나 구조적 요인만으로는 설명하기 어려운 현상입니다. 저평가되어 있음에도 불구하

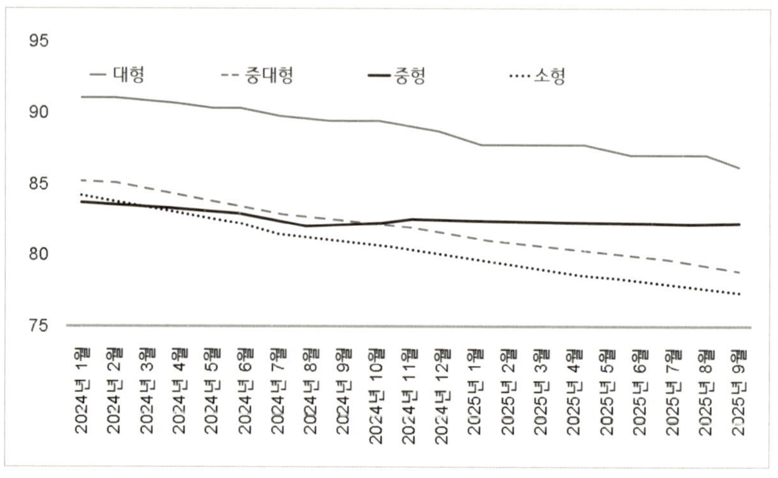

자료 출처: KB 부동산

고 매수세가 붙지 않는다는 점은, 가격 외적 요인이 작용하고 있음을 시사합니다.

이러한 현상의 근저에는 '계층 신호'의 문제가 자리하고 있습니다. 현대의 소비자는 주거를 단순한 물리적 공간으로 소비하지 않습니다. 오히려 해당 주택이 자신의 사회적 지위를 얼마나 효과적으로 표현할 수 있는가를 핵심 기준으로 삼습니다. 이는 사회학자들이 말하는 상징 소비, 혹은 행동경제학에서의 신호 이론과 맞닿아 있습니다.

자동차 구매를 예로 들어보면, 어떤 소비자는 벤츠S클래스를 구입함으로써 이미 강력한 사회적 신호를 발신합니다. 이 시점에서 훨씬 더 비싼 마이바흐를 구매할 필요성은 줄어듭니다. 사회적 신호는 이미 충분히 확보되었기 때문에, 추가 지출의 효용이 급격히 감소하는 것입니다. 부동산 시장에서도 이와 유사한 패턴이 관찰됩니다.

대형 아파트는 중형보다 상대적으로 저렴한 평당가를 형성하는 경우가 적지 않지만, 매수 수요는 활발하지 않습니다. 그 이유는 가구당 인원수 감소나 관리비·취득세 부담 때문만은 아닙니다. 사회적 신호의 효율성 측면에서 볼 때, 하위 입지의 중대형 평형보다는 상위 입지의 중형 평형이 사회적 지위를 드러내는 데 훨씬 효과적이기 때문입니다. 사람들은 더 넓은 공간 자체보다는 '나의 위치를 상징할 수 있는' 자산을 선택합니다.

소형 아파트의 경우도 유사한 맥락에서 설명할 수 있습니다. 예를 들어, '나는 16평 아파트에 삽니다.'라는 말은 단순한 사실 전달임에도, 이를 듣는 사람들은 곧바로 해당 주거의 경제적 제약을 연상합니다. 입지가 아무리 뛰어나더라도 '작은 집'이라는 사실 자체가 곧 '경제력이 제한된 계층'이라는 부정적 신호로 해석되는 것입니다. 이는 소비자의 심리적 의사결정 과정에서 강하게 작용합니다. 따라서 소비자들은 이러한 신호를 회피하는 경향을 보입니다. 같은 예산이라면 브랜드 대단지의 중형 평형을 선택함으로써 '작은 집에 사는 가난한 사람'이라는 사회적 이미지를 피하려 합니다. 결과적으로 소형 아파트는 입지 경쟁력이 높더라도 계층 욕구를 충족시키지 못하고, 가격 상승 여력 또한 제한되는 구조적 한계를 지니게 됩니다.

결국 소형·대형 아파트가 저평가 상태임에도 불구하고 시장에서 적극적으로 선택받지 못하는 이유는, 계층 신호를 충분히 발신하지 못하기 때문입니다. 소비자들은 주거를 통해 자신의 사회적 위치를 표현하고, 인정욕구를 충족하며, 이를 통해 집단적 위계 속에서 자신의 자리를 규정합니다.

즉, 사람들은 단순히 공간을 사는 것이 아니라 계층을 사고, 계층을 통해 자신을 증명합니다. 그리고 이 과정에서 효율적으로 신호를 발신할 수 있는 자산이 선택받는 구조가 만들어집니다. 이러한 맥락에서 중대형 아파트는 가격 메리트가 있음에도 불구하고 외면받고, 소형 아파트는 입지 우위에도 불구하고 상승이 제한되는 결과를 낳습니다.

이러한 현상은 전형적인 행동경제학적 선택 구조를 보여줍니다. 사람들은 합리적으로 효용만을 극대화하는 것이 아니라, 사회적 지위와 타인의 인식이라는 심리적 요소를 함께 고려합니다. 이는 가격 신호나 실수요만으로 시장을 설명하기 어려운 이유이기도 합니다. 따라서 부동산 시장을 분석할 때는 단순한 입지·가격·면적의 조합을 넘어, 사회적 신호의 효율성이라는 차원을 함께 살펴볼 필요가 있습니다. 계층 신호를 잘 발신할 수 있는 자산은 상승장에서 가격이 빠르게 반응하고, 하락장에서도 상대적으로 방어력을 갖습니다. 반면 신호력이 약한 자산은 저평가 상태가 지속되거나 상승장에서의 반등 속도가 느릴 수 있습니다.

주택은 단순한 공간이 아니라 사회적 계층을 표현하는 상징적 자산입니다. 소비자는 효용보다 신호를 중시하는 경향을 보이며, 시장의 가격 구조 역시 이러한 심리적 메커니즘의 영향을 받습니다. 계층 신

호를 강하게 발신할 수 있는 자산이 선택받고, 신호력이 약한 자산은
외면받습니다.

욕구의 단계가 만든 주택 양극화, 그리고 기회

매슬로우의 욕구 위계 이론에 따르면 인간의 욕구는 생리적 욕구에서 출발해 안전, 소속감, 인정, 자아실현 욕구 순으로 점차 발전합니

[그림 2-3] 전국 평균 주택가격(단위:억원)

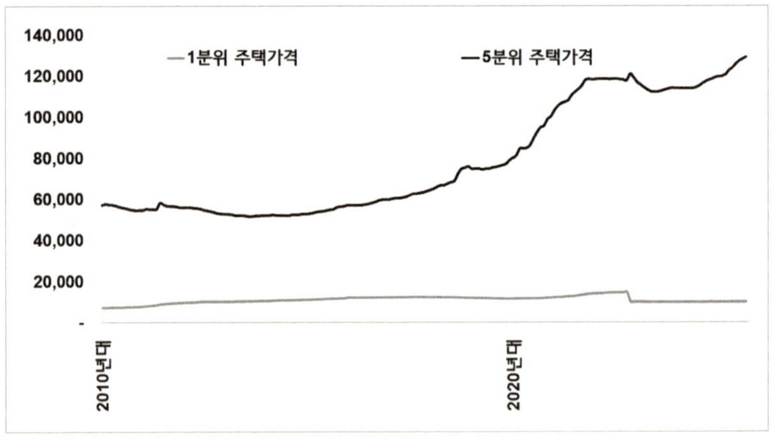

자료 출처: KB 부동산

다. 주택 시장은 이러한 욕구 구조를 매우 정직하게 반영하는 대표적 영역 가운데 하나입니다. 특히 한국 사회는 지난 수십 년간 경제 규모의 비약적 성장을 경험하면서 상위 욕구를 실현하려는 인구가 급격히 증가하였고, 이는 주택 시장 양극화의 구조적 기반으로 작용해 왔습니다[그림2-3].

1970~80년대만 하더라도 주택은 '비를 피할 수 있는 공간'으로서 생존의 최소 요건을 충족하는 데 그 목적이 있었습니다. 그러나2000년대 이후 경제 규모가 커지면서 주택에 대한 인식은 단순한 '거주의 수단'을 넘어, 사회적 지위와 계층을 상징하는 수단으로 확장되었습니다.

이러한 인식 변화는 주거 선택의 기준을 실질적 주거 환경에서 계층적 위치와 사회적 신호로 이동시키는 전환점을 만들었습니다. 많은 이들이 단순한 주택 보유를 넘어, 자신이 속하고자 하는 사회적 집단과 계층을 상징하는 주거를 선호하게 된 것입니다. 다시 말해 소속감 욕구와 인정욕구가 본격적으로 시장을 움직이는 동력이 되기 시작했습니다.

결과적으로 상위 욕구가 집중되는 특정 입지로 수요가 몰리며, 주택 가격의 분화와 격차는 더욱 뚜렷해졌습니다. 이는 단기간의 투기적 흐름이 아니라, 사회 구조와 욕구 구조의 변화를 반영한 장기적 흐름이라고 할 수 있습니다.

오늘날 한국 사회는 생리적 욕구와 안전 욕구가 일정 수준 이상 충족된 사회입니다. 이는 통계적 수치보다 생활 환경에서 더욱 명확히 드러납니다.

과거와 달리, 도심을 조금만 벗어나면 방 3개와 욕실 2개를 갖춘 중소형 아파트를 1억 원대 수준에서 찾을 수 있는 지역이 전국 곳곳에 존재합니다. 이러한 변화는 단순한 주택 공급의 확대를 넘어, 기본적인 주거 요건을 충족하는 데 필요한 경제적 부담이 과거보다 크게 완화되었음을 시사합니다.

또한 치안 수준 역시 뚜렷하게 향상되었습니다. 거리에서 분실한 물건이 되돌아올 가능성이 높아졌다는 일상의 경험은 사회 전반의 안전망 강화와 범죄율의 장기적 하락을 반영합니다. 일자리 환경 역시 1980~90년대와 비교할 수 없을 만큼 개선되었습니다. 직종의 다양화와 근로 환경의 질적 향상으로 경제적 안정감이 강화되었고, 이는 다시 주거 선택의 자유도를 높이는 기반이 되었습니다.

이처럼 기본적인 생존과 안전에 대한 욕구가 상당 부분 해소된 사회에서는 주거 결정의 기준이 단순한 '거주의 확보'에 머물지 않습니다. 사람들은 점점 더 '어떤 계층에 속해 있고, 어떻게 보일 것인가'를 중요하게 생각하게 됩니다. 상징성과 사회적 인정을 제공하는 입지와 주택으로 수요가 집중되는 것은 이러한 욕구 전환의 자연스러운 결과입니다.

하위 단계 욕구가 충족된 이후 사람들의 관심은 상위 단계로 이동합니다. 주택 보유 여부 자체보다 어떤 주택을 소유하고, 어떤 공간에 속해 있느냐가 중요한 판단 기준으로 부상합니다.

특히 소속감 욕구와 인정 욕구는 주거 시장에서 강력한 영향력을 발휘합니다. 많은 수요자들이 교통, 교육, 생활 인프라가 우수한 핵심 입지의 신축 대단지 아파트를 선호하는 이유는 바로 그곳이 단순한 거주지가 아니라 '계층을 보여주는 상징'으로 인식되기 때문입니다.

상위 욕구를 추구하는 인구가 늘어나면서 해당 입지의 매수 경쟁이 치열해지고, 결과적으로 가격이 빠르게 상승하게 됩니다. 이러한 흐름은 단순한 투기 심리의 산물이 아니라, 욕구 구조가 만들어낸 수요 집중 현상이라 할 수 있습니다.

그러나 이 구조가 영원히 지속되는 것은 아닙니다. 인간의 욕구는 사회적 환경과 외부 충격에 따라 언제든 하위 단계로 되돌아갈 수 있습니다. 전쟁·경제 위기, 전염병, 공급 충격 등은 상위 욕구를 억누르고 생리적·안전 욕구를 다시 전면으로 부각하는 계기가 됩니다.

예를 들어, 전염병이 확산하면 생존과 건강이 최우선 과제가 됩니다. 주택의 위치나 브랜드보다 안정성과 가족의 안전이 더 중요한 요소로 작용합니다. 경제 위기 상황에서는 교통이나 학군보다 일자리 안정성과 주거비 절감이 핵심 고려 사항으로 부상합니다. 지정학적 불안이 고조되는 시기에는 안전 욕구가 절대적으로 우선되며, 상위 욕구에 의해 형성되었던 프리미엄은 급격히 붕괴됩니다.

이러한 시기에는 주택 가격의 양극화 간극이 좁혀지고, 특히 핵심 입지의 고가 아파트부터 가격 조정이 시작되는 경향을 보입니다. 이는 1997년 외환 위기, 2008년 글로벌 금융 위기, COVID-19 팬데믹 초기에도 반복적으로 확인된 패턴입니다.

욕구가 하향하는 국면은 시장 전반이 위축되고 불확실성이 극대화되는 시기이기도 합니다. 그러나 역설적으로 이 시기가 바로 우량 입지를 저가에 확보할 수 있는 절호의 기회로 작용합니다.

생존과 안전 욕구가 강화되는 시기에는 교통·교육·환경 프리미엄이 약화되고, 상위 욕구에 의해 과도하게 상승했던 자산 가격이 조정됩니다. 시간이 지나 사회가 안정을 회복하게 되면 다시 상위 욕구가 시장을 지배하게 되고, 핵심 입지의 가격이 선도적으로 회복되며 상승 사이클이 재개됩니다.

결국 공포가 지배하는 시점이 곧 기회의 시점이며, 이는 심리적 국면과 욕구 구조의 전환을 제대로 읽는 투자자에게 전략적 우위를 제공합니다.

> 인정욕구가 시장을 지배하는 순간 핵심 입지와 비핵심지의 격차는 커진다. 그 간극이야말로 투자자가 발견해야 할 기회다.

계층 욕망의
뿌리

현대 사회에서 특정 지역이 유난히 선호되는 현상은 단순한 취향이나 생활 편의성만으로 설명하기 어렵습니다. 그 이면에는 인간이 수백만 년 동안 반복해 온 생존과 번성의 진화적 본능이 자리하고 있으며, 이러한 본능은 주거 입지 선택을 비롯한 다양한 의사결정에 깊은 영향을 미칩니다.

본 절에서는 진화심리학적 관점을 바탕으로, 주거 선택과 계층 욕망 간의 관계를 구조적으로 살펴보고자 합니다. 특히 짝 선택 전략과 주거 입지 선호 사이에 작용하는 심층적 메커니즘에 주목합니다.

데이비드 버스의 〈욕망의 진화〉에서는 여성의 짝 선택 전략이 어떤 과정을 거쳐 진화해 왔는지를 설명합니다. 여성은 임신과 양육 과정에서 남성보다 훨씬 큰 비용과 위험을 부담하기 때문에 짝 선택 시 본능적으로 신중하고 전략적인 기준을 발전시켜 왔습니다. 이러한 기준은 단순한 취향이 아니라 생존과 번식의 확률을 높이기 위한 전략으로 작용합니다.

여성이 짝을 선택하는 과정에서 가장 먼저 고려하는 요소는 자원 확보 능력입니다. 상대방이 충분한 경제적 자원과 사회적 지위를 보유하고 있는지, 그리고 장기적으로 안정적인 생활을 제공할 수 있는지를 평가하는 경향이 뚜렷하게 나타납니다. 이러한 특성은 본능적으로 '나와 자녀의 생존 가능성'을 높여주는 중요한 요인으로 작용합니다.

또한 장기적 헌신 가능성 역시 중요한 판단 기준입니다. 단기적 이익이나 외형적 매력만으로는 충분하지 않으며, 상대가 안정성과 책임감을 갖추고 지속적으로 관계를 유지할 수 있는지를 중시하는 경향이 강하게 나타납니다.

아울러 건강한 유전자에 대한 선호도 뚜렷합니다. 이는 단순한 외모 취향의 문제가 아니라, 신체적 건강과 생식력, 나아가 자손의 생존 가능성과 직결되는 진화적 판단 기준이라 할 수 있습니다.

마지막으로 감성적 지원 능력 역시 중요한 요소입니다. 상대방이 양육에 적극적이며 정서적으로 안정된 태도를 보이는지는 자녀 양육 과정에서의 협력 가능성을 가늠하는 기준이 되며, 이는 장기적인 생활 안정과도 밀접하게 연결됩니다.

이러한 요소들은 특정 시대나 문화권에 국한된 것이 아니라, 인류가 긴 시간 동안 환경에 적응해 오면서 발전시켜 온 전략적 기준이라는 점에서 의미가 있습니다.

진화적 본능은 사회와 시대의 맥락에 따라 다른 형태로 표현됩니다. 현대 사회에서 여성은 짝 선택 시 명품이나 외제차 등 외형적 과시보다 실질적 자산, 직업 안정성, 성장 가능성 등을 더욱 중요하게 평가하는 경향을 보입니다. 이는 단순한 기호의 문제가 아니라 생존 가능성을 높이려는 전략적 선택이라고 할 수 있습니다.

반대로 남성은 짝 선택 시장에서 경쟁력을 높이기 위해 고소득 일자리를 확보하거나 자산을 축적하고, 상징적 소비를 통해 사회적 지위를 강화하려는 전략을 구사합니다. 이러한 행위는 단순한 욕망의 발현이 아니라, 본능이 현대적 맥락 속에서 표현되는 한 방식입니다.

이러한 진화적 본능은 주거 입지 선택에서도 뚜렷하게 드러납니다. 많은 가구가 고소득 일자리, 우수한 교육 환경, 주거 안정성이 결합된 특정 지역을 선호하는 현상은 경제적 효율성만으로 설명하기 어렵습니다. 예를 들어 대구의 경우 수성구와 같은 지역은 단순한 생활 편의성 이상의 상징적 의미를 지니고 있습니다.

이러한 지역은 사회적으로 '상류층의 상징 공간'으로 인식되는 경우가 많으며, 거주 선택은 결과적으로 생존 전략이 계층적 신호로 전환된 형태로 해석될 수 있습니다. 다시 말해, 주거 입지 선택은 단순히 거주 공간을 결정하는 행위가 아니라 자신의 사회적 위치를 표현하고 강화하는 수단으로 작용하게 됩니다.

주거 선택의 배경에 자리한 진화적 본능을 이해하게 되면, 부동산 시장을 보다 구조적으로 해석할 수 있는 시야를 갖출 수 있습니다. 외모나 스펙이 상대적으로 부족한 여성이 고소득 남성을 선호하는 현상, 중산층 가구가 상징적 입지를 선호하는 경향, 중장년층 미혼 남성이 특정 사회적 공간에서 짝을 찾는 행동 등은 모두 동일한 본능적 동인에 의해 설명될 수 있습니다.

이러한 심층 요인을 인식하게 되면, 시장을 감정적 차원이 아닌 구조적 차원에서 분석할 수 있습니다. 주거 입지 선호와 시장 심리는 단순한 경제 행위가 아니라, 생존 본능이 사회적 구조와 결합해 형성되는 복합적 결과물이라고 할 수 있습니다.

> 상징적 입지를 향한 쏠림은 허영이 아니라 생존 가능성을 높이려는 본능이다. 이 본능은 언제나 수요를 특정 지역으로 몰아간다.

결혼이 바꾸는
집의 의미

우리가 살아가는 공간인 '집'은 단순히 비를 피하고 잠을 자는 물리적 공간이 아닙니다. 집은 생존의 수단이자, 사회적 지위를 나타내는 신호 장치이며, 인간의 진화적 본능이 투영된 결과물이기도 합니다. 이러한 사실은 우리가 일상에서 쉽게 목격하는 행동에서도 확인할 수 있습니다.

많은 사람들이 혼자 살 때에는 원룸이나 오피스텔, 혹은 소형 아파트에서 지내지만, 결혼을 앞두거나 결혼한 직후에는 더 넓고 상징성 있는 주거지로 이주하는 경우가 매우 흔합니다. 이는 단순한 취향의 변화나 소득 수준의 향상만으로 설명되기 어렵습니다. 오히려 인간이 수백만 년 동안 반복해 온 생존·번식·양육 전략의 연장선으로 이해하는 것이 더 타당합니다.

미혼 시기에는 개인의 주거 선택 기준이 대체로 효율성과 실용성에 집중됩니다. 출퇴근이 편리하고 최소한의 생활이 가능하다면 충분하다고 인식하는 경우가 많습니다. 이 시기에는 집을 통해 외부에 특정한 메시지를 전달할 필요가 거의 없으며, 개인의 편의성이 우선시됩니다.

그러나 결혼을 준비하거나 짝을 만나 가정을 꾸리기 시작하는 시점부터 주거의 의미는 근본적으로 변화합니다. 인간의 뇌는 생존을 우선하던 상태에서 번식과 양육이라는 새로운 목표로 우선순위를 전환하며, 이에 따라 주거 공간의 역할 또한 달라집니다. 집은 더 이상 나만을 위한 공간이 아니라 배우자와 자녀를 위한 공간이자, 자신의 자원·지위를 보여주는 무대로 기능하게 됩니다.

진화심리학에서는 이러한 현상을 '지위 신호'로 설명합니다. 인간은 자원과 능력을 시각적으로 드러냄으로써 더 나은 배우자와 협력자를 끌어들이는 전략을 발전시켜 왔습니다. 이는 자연계에서도 쉽게 발견되는 행동 양식입니다.

예를 들어 '바워버드'는 암컷을 유혹하기 위해 화려한 둥지를 짓습니다. 둥지는 단순한 보금자리가 아니라, 수컷의 자원력과 번식 적합도를 보여주는 시각적 신호입니다. 인간 역시 이와 유사한 방식으로 주거를 신호의 수단으로 활용합니다.

좋은 집을 통해 사람들은 다음과 같은 메시지를 외부에 전달합니다.

'나는 안정적인 자원을 확보하고 있다.'

'나는 자녀를 양육할 수 있는 환경을 갖추고 있다.'

'나는 사회적으로 일정 수준 이상의 지위를 누리고 있다.'

이처럼 집은 단순한 거주지가 아니라 개인의 능력과 지위를 상징적으로 표현하는 신호 장치로 기능하며, 결혼이라는 전환점을 통해 이러한 신호의 강도는 더욱 강화됩니다.

결혼 이후 집은 개인만을 위한 공간에서 가족 전체를 위한 공간으로 의미가 확장됩니다. 주거는 단순한 거주의 영역을 넘어 가족의 안정, 자녀의 성장 환경, 사회적 인식까지 모두를 담아내는 무대로 전환됩니다. 자기 보존의 공간에서 혈통 보존의 공간으로, 나만의 공간에서 타인의 시선을 의식하는 사회적 공간으로 주거의 성격이 변화하는 것입니다.

여러 사회학적 연구에서도 이러한 변화가 확인되고 있습니다. 미혼 시절보다 결혼 이후 주거 수준이 상승하는 경향이 뚜렷하게 나타나며, 특히 자녀 계획이 있는 부부일수록 소득 대비 지출에서 '주거 개선' 항목이 차지하는 비중이 높게 나타납니다. 이는 단순한 소비 패턴의 변화가 아니라, 주거를 통한 신호 전략이 강화되는 과정으로 해석할 수 있습니다.

이와 같은 전략은 현대 사회에서 새롭게 등장한 현상이 아닙니다. 신석기 시대의 차탈회위크나 예리코 유적에서도 이미 주거 규모와 건축 재료, 장식 수준에 따라 사회적 계층이 구분되었습니다. 고대 로마에서는 귀족이 도시 중심부의 '도무스'에서 살았고, 서민은 외곽의 '인술라'에서 거주했습니다.

조선시대에도 양반의 기와집과 서민의 초가집은 주거 형태만으로 계층을 식별할 수 있는 대표적인 신호였습니다. 현대 사회에서도 우리는 신축 여부, 브랜드, 입지, 외관 등 다양한 요소를 통해 주거의 가치를 판단합니다. 형태는 시대에 따라 바뀌었지만, '주거를 통한 지위 신호'라는 본능은 한 번도 사라진 적이 없습니다.

'왜 사람들은 결혼 후 더 좋은 집을 찾는가?'라는 질문에 대한 답은 분명합니다. 그것은 단순한 허영심의 문제가 아니라 인간의 진화적 본능 때문입니다.

집은 생존의 공간에서 출발해 번식, 양육, 지위 경쟁, 사회적 신호의 장으로 발전해 왔습니다. 그리고 이 본능은 오늘날 우리가 집을 선택할 때도 여전히 강하게 작동하고 있습니다. 결혼은 이러한 본능이 표면화되는 대표적인 전환점이며, 주거의 의미는 이 시기를 기점으로 뚜렷하게 변화합니다.

> 결혼은 집을 사적 공간에서 사회적 무대로 전환한다. 그 순간 주거 선택의 기준도 완전히 달라진다.

여성의 양육본능이 아파트 수요에 미친 영향

아파트는 단순히 집을 짓는 방식 중 하나가 아닙니다. 한국 사회에서 아파트는 자산을 담는 그릇이자, 교육과 생활 인프라를 연결하는 핵심 공간이며, 동시에 수많은 가족이 안심하고 삶을 꾸려 나가는 무대가 되어왔습니다. 그렇다면 우리는 이런 질문을 던질 수 있습니다. '왜 이렇게 많은 여성과 가족이 아파트를 선택하게 되었을까?'

진화심리학에서는 인간의 행동을 생존과 번식을 위한 적응으로 설명합니다. 특히, 여성은 임신, 출산, 양육을 직접 담당해야 했기에 자녀의 생존 가능성을 높이는 방향으로 진화해 왔습니다. 이 과정에서 발달한 본능이 바로 '양육본능'입니다.

현대 여성의 주거 선택을 보면, 이 본능은 여전히 강하게 작동합니다. 아이의 안전, 건강, 교육을 위해 최적의 환경을 찾고, 그 과정에서 가족의 의사결정도 크게 이끌어갑니다. 즉, 아파트 선택은 단순한 취향 문제가 아니라 생존 전략의 연장선에 놓여 있다고 할 수 있습니다.

여성의 주거 선택을 단순히 본능만으로 설명할 수는 없습니다. 20세기 후반 이후 한국 사회는 빠르게 제조업 중심에서 서비스업 중심으로 바뀌었습니다. 제조업은 점점 자동화되고 기계화되었지만, 서비스업은 오히려 소통, 돌봄, 교육, 감정노동 같은 여성의 강점이 잘 발휘되는 영역이었습니다.

이 변화는 여성들에게 경제활동 참여의 기회를 넓혀주었고, 맞벌이 가정이 보편화되는 계기를 만들었습니다. 하지만 문제는, 전통적인 단독주택은 맞벌이 가정의 요구를 충족시키기에 불편하다는 것이었습니다. 보안, 관리, 동선 효율 등에서 한계가 뚜렷했습니다.

반면 아파트는 이런 요구에 맞춤형 답을 내놓았습니다. 보안이 잘 갖춰져 있고, 관리가 체계적으로 이루어지며, 학군과 교통 접근성이 뛰어난 입지에 자리잡은 경우가 많았습니다. 이러한 특징은 맞벌이 부부와 특히 여성의 양육 전략에 잘 맞아떨어졌습니다.

아파트는 단순히 공간 효율이 뛰어난 주거 형태에 그치지 않습니다. 무엇보다 외부 침입으로부터 안전을 지켜주는 보안성을 갖추고 있으며, 마당이나 주택 관리에 따르는 부담이 적어 생활의 편의성이 높습니다. 단지 내 혹은 인근에 학교가 자리하는 경우가 많아 자녀의 안전한 통학이 가능하고, 또래 자녀를 둔 부모들이 함께 모여 살아 자연스럽게 형성되는 커뮤니티를 통해 다양한 정보와 자원을 공유할 수 있습니다.

이러한 특성들은 여성의 양육 본능과 긴밀하게 연결되어 있습니다. 아이를 안전한 환경에서 키우고, 더 나은 교육 기회를 확보하며, 가사와 육아에 소요되는 시간과 체력을 줄여 경제 활동까지 병행할 수 있게 해주기 때문입니다. 결국 아파트는 여성의 본능적 요구와 현대 산업 구조가 만나는 지점에서 선택된 주거 공간이라고 할 수 있습니다.

여성의 양육본능이 아파트 선택을 이끌었다면, 그 다음 단계에서는 교육과 자산의 문제가 뒤따릅니다. 자녀 교육 환경이 좋은 지역일수록 아파트값이 오르고, 그 자체로 '투자 자산'이 되어버린 것입니다. 예를 들어, 서울 강남, 목동, 대치동처럼 교육특화 지역의 아파트는 학군 수요에 힘입어 꾸준히 가치가 상승했습니다. 즉, 아파트는 단순한 주거지를 넘어 양육과 자산의 이중 기능을 수행하는 공간이 된 것입니다.

아파트는 우연히 선택된 주거형태가 아닙니다. 산업구조가 바뀌면서 여성은 경제활동에 적극 참여하게 되었고, 양육본능은 아이에게 최적의 환경을 마련하기 위해 주거 선택을 주도했으며, 아파트는 이러한 요구에 가장 잘 맞는 공간이었기 때문에 사회적 위상을 차지하게 된 것입니다.

> 아파트는 양육 본능과 맞벌이 구조가 선택한 주거 형태다. 안전·교육·편의의 삼박자가 수요를 더욱 강화한다.

강남을 좋아하는 건
본능일지도 모른다

사람들이 특정 지역을 선호하는 이유는 단순히 '좋아 보이기 때문' 만은 아닙니다. 겉으로는 생활 편의성, 학군, 교통 접근성 등 합리적 요인처럼 보이지만, 그 이면에는 인간의 생존과 번식 전략이 깊이 작동하고 있습니다.

인간은 본능적으로 생존과 양육에 유리한 환경을 찾습니다. 특히 주거 환경의 선택에는 안정성과 자원 접근성에 대한 무의식적 판단이 강하게 개입합니다. 이는 역사적·사회적 맥락과 무관하게 보편적으로 나타나는 경향이며, 오늘날에도 부동산 시장에서 뚜렷하게 드러납니다.

이러한 경향은 짝 선택과도 연결됩니다. 진화심리학에서는 여성을 단순한 생식 주체가 아니라 '유전자를 선택하는 존재'로 봅니다. 임신과 출산, 양육에 드는 비용이 크기 때문에, 보다 안전하고 자원이 풍부한 환경을 선택하는 전략이 발전해 왔고, 이는 거주지 선택에도 반영되었습니다. 현대 사회에서는 이 본능이 더 세련된 형태로 표현되며, 자녀 교육, 안전, 사회적 지위, 계층 신호와 같은 다양한 요소로 구체화됩니다.

이러한 관점에서 보면 강남은 매우 매력적인 입지로 해석됩니다. 높은 소득 기반 위에 우수한 교육 환경과 주거 안정성, 교통 접근성까지 갖추고 있어, 생존과 양육에 유리한 조건을 고르게 충족시키는 지역입니다. 이곳을 선호하는 현상은 표면적으로는 교육이나 자산가치 상승으로 설명되지만, 그 뿌리에는 생존 전략으로서의 본능적 선호가 자리하고 있다고 볼 수 있습니다.

사람들이 좋은 학군, 안전한 환경, 고급 아파트, 상징적 입지를 선호하는 이유는 단순하지 않습니다. 과거와 같은 생존 경쟁의 형태는 사라졌지만, 인간의 본능은 여전히 동일한 질문을 던집니다.

'어디에서 살아야 우리 가족에게 가장 유리할까?'

결국 단순히 '살기 좋은 지역'이 아니라, 인류의 욕망과 전략이 밀도 높게 응축된 입지입니다. 이 본능의 층위를 이해하면, 시장의 흐름도 보다 정밀하게 읽어낼 수 있습니다.

> 강남 선호는 학군을 넘어 가족에게 가장 유리한 환경을 찾으려는 본능의 선택이다. 이 본능은 지역 프리미엄을 지속적으로 지지한다.

3장

대구의 도시공간 구조

지형으로 본
대구의 공간 구조

[그림 3-1] 대구시 지형도

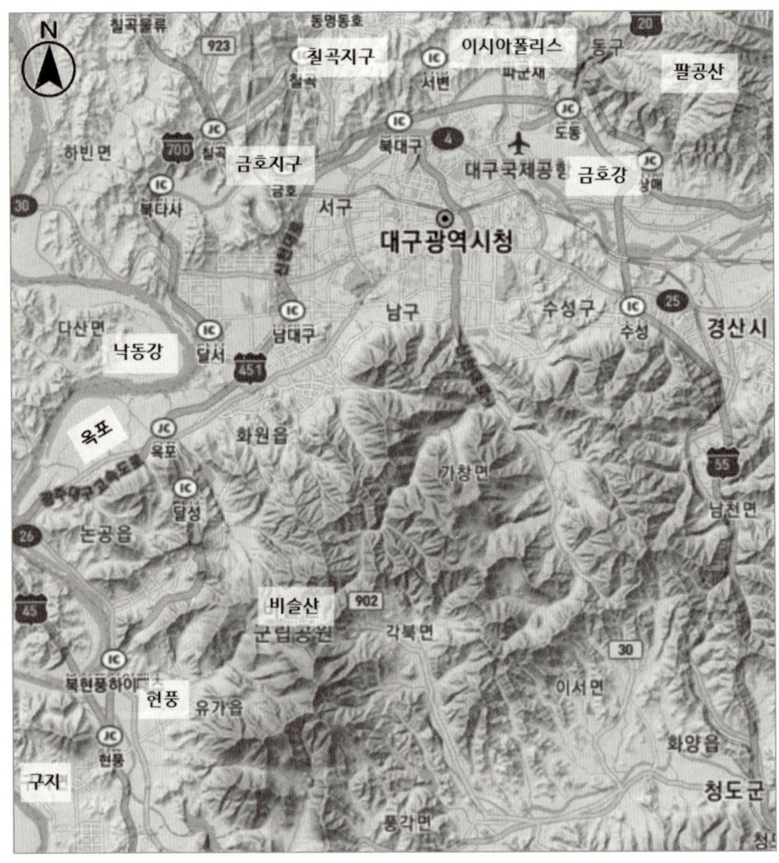

출처: 카카오맵

대구의 공간 구조는 지형에서 큰 영향을 받았습니다. 도시는 사방이 산과 강으로 둘러싸인 분지 형태이며, 북쪽의 팔공산, 남쪽의 비슬산과 앞산, 서쪽의 낙동강, 동쪽의 금호강이 그 경계를 형성합니다. 이러한 자연적 장벽은 도시 외연의 확장을 제한하는 동시에, 중심지 집중을 강화하는 기반이 되었습니다[그림 3-1].

또한 대구는 항만이 없는 내륙도시입니다. 물류비용이 상대적으로 높아 수출입 중심 제조업 발달은 제한적이었고, 그 결과 대구 경제는 점차 내수 기반, 특히 서비스업 중심으로 재편되었습니다. 이러한 산업 구조는 사람과 정보, 물자의 이동이 원활한 교통거점을 중심으로 서비스업이 집적되는 공간 구조를 형성했습니다. 서비스업은 제조업과 달리 원자재 입지나 공장 부지를 필요로 하지 않고, 고객 접근성과 외부 인구 유입이 무엇보다 중요하기 때문에, 철도역·환승센터·지하철 환승노드와 같은 교통 결절점에 집중될 수밖에 없습니다.

대표적으로 반월당역과 범어역 일대에는 시청, 법원, 검찰청 등 주요 관공서와 금융기관이 밀집해 있습니다. 이 지역은 대구의 행정·법률·금융 기능의 핵심 거점입니다.

반면 대구역과 동대구역 일대에는 백화점과 대형 상권, 대학병원, 그리고 고속·철도교통망이 집적되어 있습니다. 이곳은 도소매·유통, 의료, 교통 기능이 결합된 소비 중심축으로, 외부 인구 유입과 소비활동이 활발히 일어나는 지역입니다.

이처럼 대구의 서비스업 중심지는 교통 결절점을 따라 기능별로 구분되어 있으며, 지형적 제약 속에서도 교통 접근성이 뛰어난 지역에 산업과 기능이 집중되는 경향을 보입니다.

대구에는 지형적 제약으로 인해 도심과의 연결이 단절된 생활권들이 존재합니다[그림 3-1]. 대표적으로 북구의 칠곡지구는 금호강과 함지산, 태복산에 둘러싸인 협곡 지형에 위치해 도심 접근 경로가 제한적이며 사실상 고립된 생활권을 형성하고 있습니다.

남쪽의 달성군 옥포·논공·현풍·구지 지역은 낙동강과 비슬산이 가로막고 있을 뿐 아니라, 도심과의 물리적 거리도 멀어 차량으로 이동하면 40분 이상이 소요됩니다. 이러한 요인은 중심지와의 심리적 거리감을 더욱 크게 만듭니다.

동쪽의 수성구 시지지구는 무학산과 연호산이 도심과의 연결축을 차단하면서, 행정구역상 수성구에 속하지만 실질적으로는 분리된 생활권으로 기능합니다.

비슷하게 동구 안심과 이시아폴리스 일대는 금호강과 K2 공군기지가 접근을 차단하는 형태를 띠고 있어, 외부와의 연계보다는 자족형 생활권으로 발전했습니다. 또한 북구 금호지구는 금호강과 팔공산 사이에 자리한 고립형 입지로, 외부와의 연결성이 제한적이라는 특징을 보입니다.

이처럼 대구의 여러 분절 지역들은 산·강·군사시설 등 지형적 장벽으로 인해 중심지와의 직접적 연결성이 낮고, 자생적인 생활권으로 발전한다는 공통된 특성을 가지고 있습니다.

대구의 분지 지형은 확장을 제한하는 대신 중심지 집중을 강화해왔다. 이 구
조가 가격의 층위와 생활권의 경계를 또렷하게 만든다.

부채꼴 이론과
대구 아파트 가격 구조

도시는 결코 무질서하게 형성되지 않습니다. 사람들의 생활 방식, 사회 계층 구조, 그리고 주거 선호가 오랜 시간에 걸쳐 누적되면서 도시 공간은 일정한 패턴을 만들어냅니다. 이러한 공간적 질서를 설명하기 위해 여러 도시 구조 이론이 발전해 왔으며, 그중 대표적인 것이 호머 호이트가 1939년에 제시한 부채꼴 이론입니다[그림 3-2].

호이트 이론은 도시가 원형으로 확산되는 것이 아니라, 특정한 교통축을 중심으로 부채살 모양의 '섹터'가 뻗어나가며 성장한다는 점을 강조합니다. 즉, 도심을 중심으로 주요 간선도로, 철도, 트램과 같은 교통망이 뻗어나가고, 이 축을 따라 서로 다른 기능과 계층 구조를 가진 공간이 선형으로 발달하게 된다는 것입니다.

이 과정에서 가장 중요한 특징 중 하나는 계층의 공간적 분화입니다. 고소득층 주거지는 주로 교통 접근성이 우수하고 환경적 쾌적성이 높은 축을 따라 형성됩니다. 이 축은 시간이 지나도 지속성과 상징성이 강하게 작용하여, 고급 주거지의 이미지를 공고히 합니다. 반면 공업지대나 저소득층 주거지는 상대적으로 환경이 열악한 교통축 방향에 자리 잡는 경향이 있으며, 이는 도시의 사회경제적 공간 분화를 고착시키는 기제로 작용합니다.

또한 호이트 이론은 중간 소득층 주거지가 고소득층과 저소득층 사이에 위치하는 경향을 지적합니다. 이는 주거지의 위계적 배열을 완충하고 도시의 기능적 연결성을 유지하는 역할을 합니다. 이러한 계층적 배치는 교통 접근성, 토지 가치, 환경 조건, 사회적 선호가 복합적으로 작용한 결과입니다.

다시 말해, 도시는 동심원처럼 균질하게 확산되는 것이 아니라 교통축을 따라 부채살 모양으로 성장하며, 이 축을 중심으로 사회 계층이

[그림 3-2] 호이트 부채꼴 모형

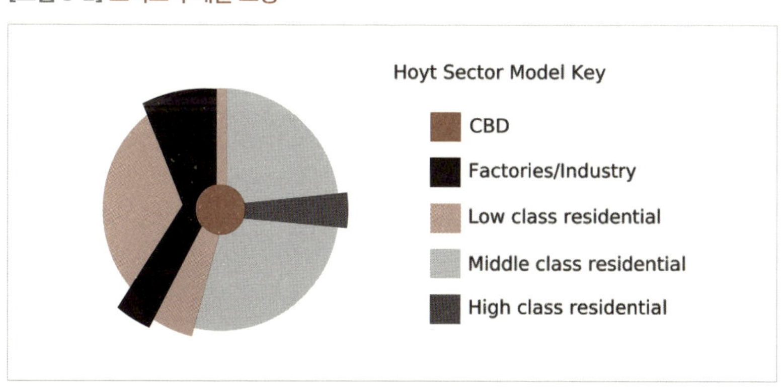

출처: 위키피디아

공간적으로 배열되는 패턴이 형성됩니다. 이러한 구조적 특성은 시간이 흘러도 쉽게 변하지 않으며, 부동산 가치와 주거지 위상의 격차를 만들어내는 중요한 토대가 됩니다.

그렇다면 80여 년이 지난 오늘날, 다핵 구조로 변화하고 있는 한국의 대도시에도 이 이론은 여전히 유효할까요? 본 절에서는 대구광역시의 아파트 가격 구조를 직관적으로 분석하여, 부채꼴 이론의 현실 적용 가능성을 살펴보고자 합니다.

대구 아파트 시장에서 가장 뚜렷하게 관찰되는 현상은, 도심 중심축에서 멀어질수록 아파트 가격이 계단식으로 하락한다는 점입니다. 특히 범어네거리를 기준점으로 설정하면, 가격 구조가 호이트의 '부채꼴 이론'이 제시한 핵심 명제와 높은 수준으로 부합함을 확인할 수 있습니다. 방향별로 살펴보면 다음과 같은 위계 구조가 형성됩니다.

동쪽은 범어를 중심으로 만촌, 시지로 이어질수록 가격이 점진적으로 낮아지는 흐름이 뚜렷합니다. 도심에서 거리가 멀어질수록 가치가 하락하는 전형적인 패턴이 나타납니다.

서쪽 역시 수성에서 남산, 내당·평리, 성서, 서재로 이어지는 방향으로 가격 수준이 단계적으로 낮아집니다.

남쪽의 경우 황금에서 지산·범물, 그리고 파동으로 이동하면서 가격이 낮아지며, 이는 교육 및 생활 인프라 수준과 밀접하게 연결된 계층적 공간 구조를 보여줍니다.

북쪽은 신천에서 신암, 복현, 산격, 동서변으로 이어질수록 가격이 점차 하락하며, 구도심 및 공업지역 비중이 높아질수록 가격 수준이 낮아지는 경향이 나타납니다.

이러한 계단식 가격 구조는 방향에 따라 사회·경제적 자원과 주거 가치가 누적되는 공간적 패턴이 존재한다는 점을 보여줍니다.

부채꼴 이론이 전제하는 중요한 조건 중 하나는, 도시가 주요 교통 축을 따라 기능과 가치가 확장된다는 점입니다. 대구에서는 그 역할을 하는 대표적인 공간 축이 바로 달구벌대로, 즉 도시를 동서로 관통하는 지하철 2호선 축입니다.

실제 시장 데이터를 살펴보면, 달구벌대로에 인접한 역세권 단지일수록 높은 가격을 형성하는 경향이 뚜렷하게 나타납니다. 예컨대 범어역·만촌역·청라언덕역·두류역·죽전역 등에 접한 단지들은 동일 생활권 내에서도 그렇지 않은 단지들보다 확연히 높은 가격 수준을 유지하고 있습니다.

달구벌대로 축은 단순한 이동 경로를 넘어 도시의 행정·상업·교육 기능을 연결하는 공간적 척추 역할을 수행하며, 이 축을 따라 사람들이 모이고 자본이 흐르면서 주거 선호 역시 집중됩니다. 그 결과, 아파트 가격 구조 역시 달구벌대로를 중심으로 형성되고, 이는 부채꼴 이론이 말하는 '교통축을 따라 형성되는 가치 축'을 대구가 뚜렷하게 보여주는 사례라 할 수 있습니다.

2020년 이후 몇 년간의 가격 흐름을 직관적으로 살펴보면, 동쪽 축을 중심으로 한 고급 주거지의 가격 상승률이 상대적으로 높게 나타나는 반면, 서쪽 축의 상승률은 낮은 수준에 머물렀습니다. 이는 부채꼴 이론에서 말하는 '방향성에 따른 가치 차이가 장기적으로 지속된다'는 명제를 뒷받침하는 현상이라 할 수 있습니다.

종합적으로 살펴보면, 대구의 아파트 가격 구조는 호이트가 1939년에 제시한 부채꼴 이론과 상당 부분 일치하는 양상을 보입니다. 중심에서 멀어질수록 가격이 하락하는 경향이 뚜렷하게 나타나며, 방향에 따라 계층 구조와 가치 수준이 달라지는 특징 역시 명확하게 관찰됩니다.

물론 과거와 달리 오늘날의 도시는 다핵 구조와 복합적인 요인이 함께 작용하기 때문에 단순한 일방향적 분석만으로 모든 현상을 설명하기는 어렵습니다. 그럼에도 불구하고, 도시의 방향성과 중심지 접근성이 가격 구조를 결정짓는 핵심 축으로 작용한다는 부채꼴 이론의 원리는 여전히 대구를 비롯한 현대 도시의 공간 구조를 해석하는 데 유효한 분석 틀로 기능하고 있습니다.

범어네거리에서 퍼지는 가격의 부채꼴은 우연이 아니다. 80년 전 호이트의 이론이 오늘의 대구에서도 그대로 작동하고 있다.

교통 구조와 주거 수요의
공간적·계층적 패턴

대구의 교통수단 이용 행태를 살펴보면, 공간적 위치와 사회경제적 요인에 따라 뚜렷한 차이가 나타납니다. 외곽 지역일수록 자가용 의존도가 높고, 도심으로 접근할수록 대중교통 이용 비중이 높아지는 전형적인 도시형 패턴을 보입니다.

먼저 지역별 교통수단 비중을 보면, 군위군과 달성군은 자가용 이용 비중이 각각 63.8%, 59.1%로 매우 높게 나타납니다. 이들 지역은 대구 도심부에서 거리가 멀고 도시철도 및 버스망이 상대적으로 빈약한 지역으로, 일상생활에서 자차가 사실상 필수적인 교통수단으로 기능하고 있습니다. 반면 중구는 자가용 이용률이 39.9%로 가장 낮고, 도시철도(16.6%)와 버스(18.9%) 비중이 높게 나타납니다[그림 3-3]. 이는 도심부 특유의 교통 혼잡, 주차 공간의 제약, 그리고 높은 대중교통 접근성 등의 요인이 결합된 결과로 해석할 수 있습니다. 서구의 경우도 대중

[그림 3-3] 구군별 주된 교통수단(%)

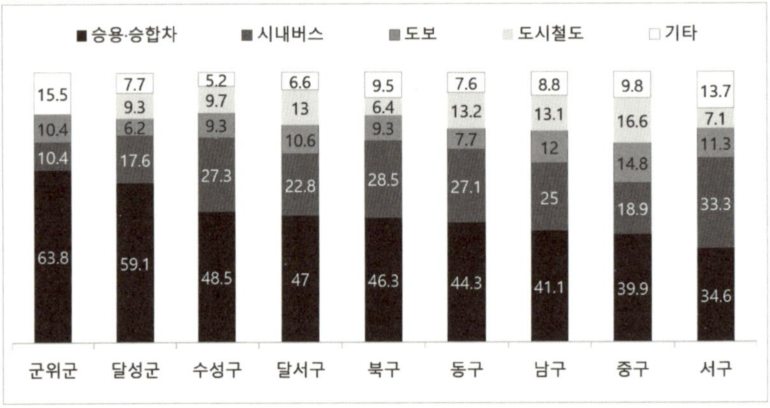

자료 출처: 통계청

교통 비중이 높게 나타나지만, 이는 교통 인프라의 우수성보다는 상대적으로 저소득층 비중이 높은 인구 구조의 영향이 크다고 볼 수 있습니다. 그 외 수성구, 동구, 북구 등 중간권역에서는 자가용과 대중교통 이용률이 비교적 균형을 이루며, 교통 인프라의 중간 수준과 생활권의 다양성이 반영된 결과를 보여줍니다.

교통수단 이용 행태는 지역뿐만 아니라 소득 수준과도 밀접하게 연관되어 있습니다[그림 3-4]. 월평균 가구소득 500만 원 이상 가구에서는 자가용 이용률이 80%를 훌쩍 넘으며, 대중교통 이용률은 10% 미만으로 매우 낮습니다. 소득이 높을수록 자가용을 보유하고 유지할 수 있는 경제적 여력이 크고, 이동 과정에서 시간과 편의를 중시하는 경향이 반영된 결과로 해석할 수 있습니다.

반면, 월소득 100만 원 미만 가구에서는 자가용 이용률이 9.2%에

[그림 3-4] 월평균 가구소득별 주된 교통수단(%)

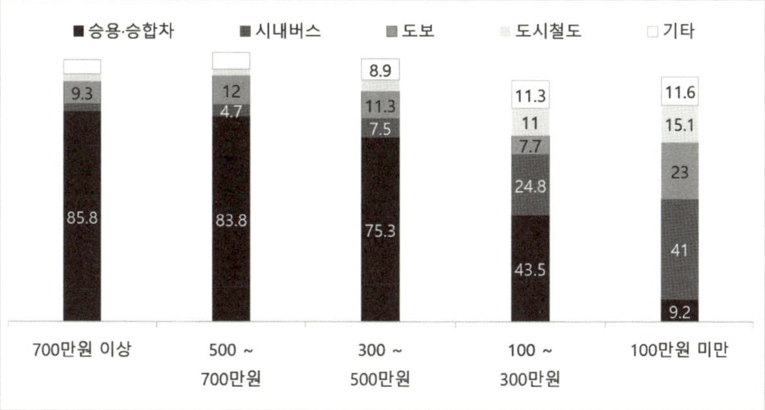

자료 출처: 통계청

불과하며, 버스(41%)와 도시철도(15.1%)가 주된 이동 수단으로 자리하고 있습니다. 이 구간에서는 소득 제약이 자가용 보유와 이용을 직접적으로 제한하며, 대중교통이 사실상 기본적인 이동 수단으로 기능하게 됩니다.

연령대별 통행 목적을 살펴보면, 생활 패턴과 주거 수요가 어떻게 달라지는지를 보다 선명하게 확인할 수 있습니다[그림 3-5].

우선 15~19세 구간에서는 통학이 전체 통행의 91% 이상을 차지합니다. 이 시기 대부분의 이동은 교육기관을 중심으로 이루어지며, 주거지 선택에 있어 학군의 영향력이 절대적으로 작용하는 특성을 드러냅니다. 이러한 특징은 학령기 인구가 집중되는 지역에서 나타나는 전형적 패턴으로, 특정 생활권에 교육 중심의 인프라가 집적되는 현상과도 밀접하게 연관됩니다

20~29세 구간에 들어서면 통행 목적의 중심축이 점차 다양화됩니다. 출퇴근 목적의 비중이 뚜렷하게 증가하며, 여가 및 쇼핑 비중 또한 완만하게 확대됩니다. 이는 사회 진입기 청년층이 활동 반경을 교육기관 중심에서 도시 전반으로 넓히는 시기적 전환점을 보여줍니다.

30~50대에서는 출퇴근 목적이 통행의 약 70% 전후를 차지하며, 경제활동 중심의 생활 패턴이 정점에 달합니다. 이 연령대는 사회·경제 활동의 핵심 인구층으로, 하루 이동의 대부분이 반복적이고 정형화된 경로를 중심으로 이루어집니다. 여가 및 기타 활동 비중은 상대적으로 낮지만, 고정된 생활 루틴이 형성되는 시기라는 점에서 주거 수요의 안정성이 강화되는 특징이 있습니다.

반면 60세 이상에서는 통행 양상이 뚜렷하게 달라집니다. 출퇴근 목적은 28% 수준으로 감소하는 반면, 여가 목적이 45% 이상으로 급증합니다. 이는 은퇴 이후 생활권의 중심축이 직장 기반 활동에서 여가·의료·문화 활동으로 이동함을 보여줍니다. 실제로 이 시기에는 통행 패턴 자체가 불규칙해지고, 특정 거점보다는 다양한 목적지를 중심으로 한 이동이 두드러집니다.

결국 연령대별 통행 목적의 차이는 곧 생활권 구조의 차이로 이어집니다. 학령기에는 학군과 교육시설 접근성이, 사회 진입기와 중년기에는 안정적 생활 루틴이, 그리고 노년기에는 여가와 건강·문화 활동이 생활권의 중심축을 형성합니다. 이는 도시 공간 속에서 연령대별 주거 수요가 상이한 방식으로 나타나는 근본적인 배경이라 할 수 있습니다.

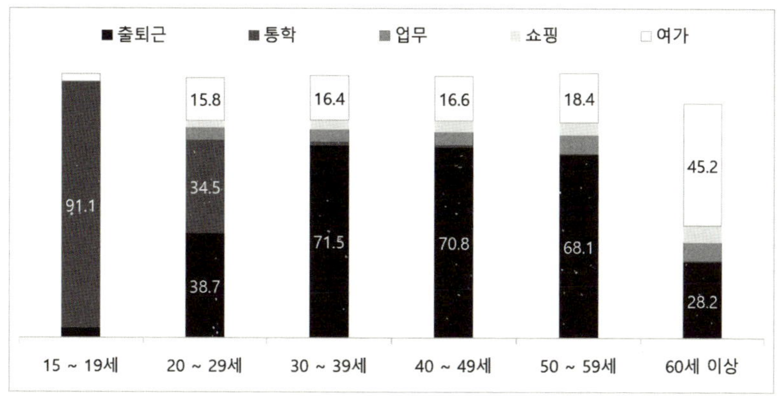

앞서 살펴본 연령대별 통행 목적에서 30~59세 구간은 출퇴근 목적
이 통행의 대부분을 차지하는 연령대로 나타났습니다. 그러나 출퇴근
목적의 비중이 높다고 해서 곧바로 주거 선택 시 직주근접성이 최우선
기준이라고 단정할 수는 없습니다. 이를 잘 보여주는 지표가 바로 통
근·통학 소요시간 분포입니다.

연령대별 출퇴근 소요시간을 보면, 30~59세 구간에서는 20분 미만
부터 30~40분대까지 비교적 고르게 분포되어 있습니다. 이는 상당수
의 근로자들이 일정 수준의 이동시간을 감수하며 생활하고 있음을 보
여줍니다. 다만 40~60분 구간부터는 비중이 뚜렷하게 낮아지며, 통행
시간이 일정 수준을 넘어가면 주거지와 직장 간 거리를 부담으로 인식
하는 경향이 나타납니다. 즉, 출퇴근 시간은 짧을수록 좋다는 단선적
인 인식보다는, 개인이 감내 가능한 시간의 상한선이 존재한다는 점이

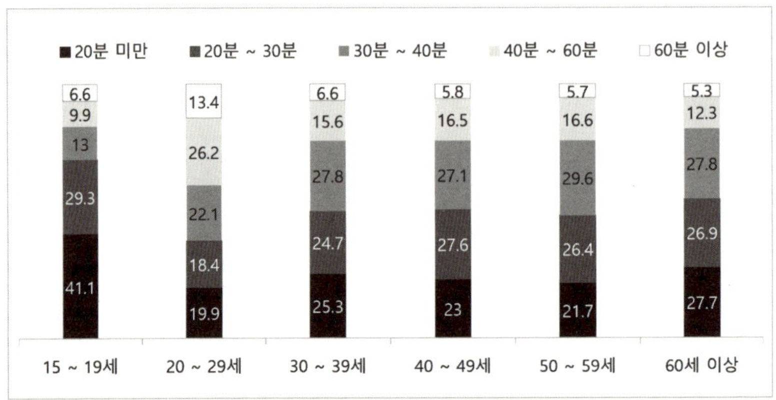

중요하게 드러납니다[그림 3-6].

소득 수준별 통행 시간의 분포는 이러한 해석을 더욱 분명히 합니다. 월평균 가구소득이 높을수록 평균 통행시간이 증가하는 경향이 나타났습니다. 월소득 100만 원 미만 가구의 평균 통행시간은18.8분인데 반해, 700만 원 이상 고소득 가구는 30.4분으로 약 12분 이상 더 길어집니다. 이는 고소득층이 통근시간을 절대적 제약 요인으로 보지 않고, 일정 수준의 시간 소요를 감수하는 대신 주거 입지의 상징성이나 환경적 가치를 더 중시한다는 점을 시사합니다[그림3-7].

직업군의 특성도 이러한 경향을 뒷받침합니다. 제조업 생산직 등의 직군 종사자들은 근무시간이 길고, 경직되어 있어 상대적으로 여가시간이 짧기 때문에 통근시간 단축의 효용이 매우 큽니다. 반면 금융업, 전문직 등 고소득 직군의 종사자들은 근무시간이 비교적 유연하고 여

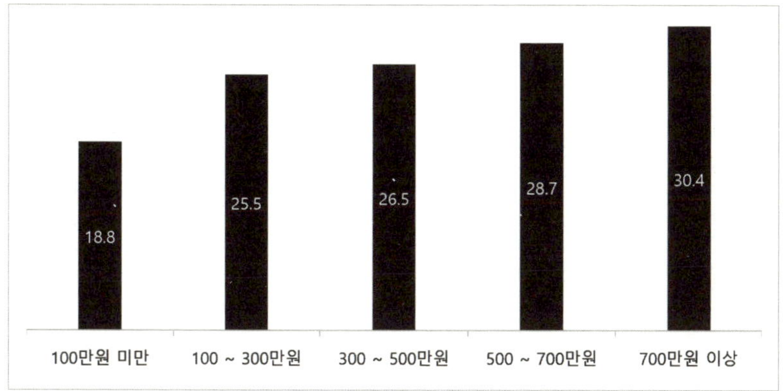

자료 출처: 통계청

가 여력이 크기 때문에, 10~20분 정도의 통근시간 증가는 실질적 제약으로 작용하지 않는 경우가 많습니다. 그 결과 고소득층은 시간적 효율보다는 입지, 신축브랜드, 상징성과 같은 비가격적 요소를 주거 선택에서 우선시하는 경향을 보입니다.

또한 소득 수준별 통근통학 지역 분포를 보면 이러한 차이가 명확해집니다. 월소득 100만 원 미만 가구의 97.1%가 대구시 내부에서 통근·통학을 하는 반면, 700만 원 이상 고소득 가구는 17.2%가 외부 지역으로 통근·통학을 하고 있습니다. 이는 고소득층이 주거지를 직장 인근에 두는 경향이 상대적으로 낮다는 점, 다시 말해 직주근접성이 주거 선택의 절대적 기준이 아님을 뒷받침하는 수치입니다[그림 3-8].

마지막으로 학령기 연령대에서는 20분 미만의 통행시간 비중이 41.1%로 가장 높습니다. 이는 주거지의 위치가 교육시설과의 물리적

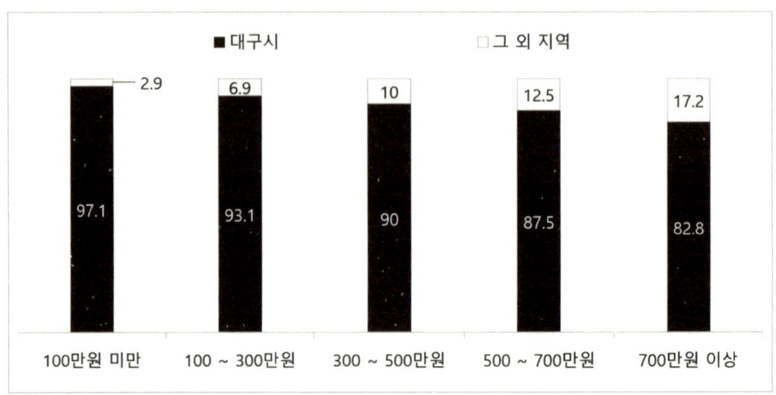

자료 출처: 통계청

거리와 강하게 연결되어 있음을 보여주며, 학군 인접성에 대한 부모 세대의 선호 즉, 양육 본능의 반영으로 해석할 수 있습니다.

요약하자면, 출퇴근 목적이 생활의 중심에 놓인 연령층이라 하더라도 실제 주거 선택에서는 직주근접성만으로 설명할 수 없는 다양한 요인이 작동합니다. 대부분의 가구는 약 30~40분 이내 수준의 통근 시간을 감내하고 있으며, 고소득층일수록 이러한 경향이 뚜렷합니다. 직주근접성은 필요조건일 수 있으나 충분조건은 아니며, 특히 고소득층의 경우 입지적 상징성과 주거지의 이미지가 더 큰 영향을 미칩니다.

> 직주근접은 중요하지만 절대적 기준이 아니다.
> 사람들은 일정 수준의 통근을 감내하며, 더 높은 입지·환경·상징 가치를 선택한다.

왜 2호선 라인 아파트가
좋다고 하는 걸까요?

도시의 공간 구조를 살펴보면 일정한 패턴이 관찰됩니다. 주거·상업·업무 기능은 교통 접근성이 높은 축을 중심으로 배치되고, 이 축을 따라 토지 이용이 집적됩니다. 따라서 교통망은 도시 성장의 방향과 부동산 가치 분포를 결정짓는 핵심 변수로 작용합니다.

대구의 경우, 도시 동서를 가로지르는 지하철 2호선과 달구벌대로가 대표적인 성장 축입니다. 이 축은 주요 상업지구와 교육·행정 중심지를 연결하며, 양 측면으로 주거지와 상업시설이 확산되는 구조를 보여줍니다. 실제로 이 축을 기준으로 토지 가격과 아파트 매매가가 집중되는 경향이 확인됩니다.

이와 같은 현상은 교통망과 토지 이용이 상호작용하는 과정에서 나타나는 합리적 결과입니다. 교통 축을 따라 인구와 일자리가 밀집하고, 이에 따라 부동산 수요가 강화되면서 가치가 응축되는 것입니다.

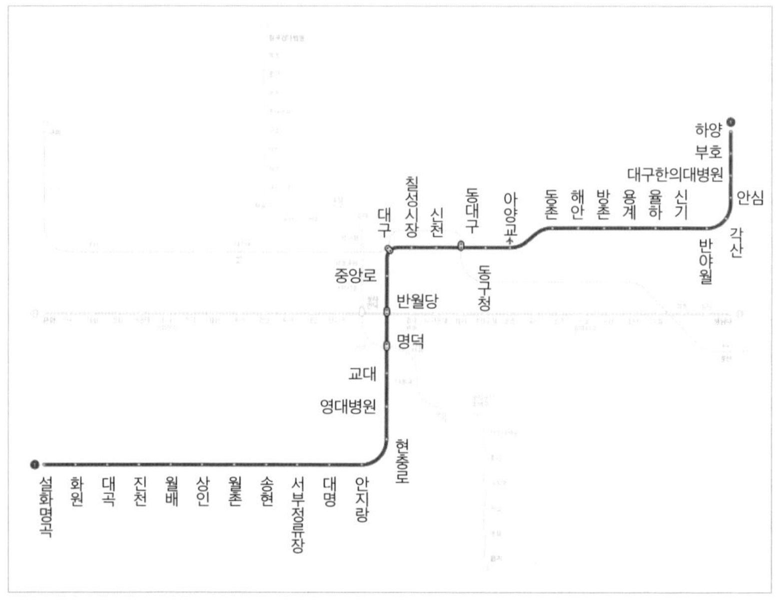

자료 출처: 네이버 지도

대구 지하철 1호선은 얼핏 보면 도시를 남북으로 곧게 연결하는 것처럼 보이지만, 실제 노선을 살펴보면 S자 형태를 띠고 있습니다. 이는 도시 지형과 도로망이 주는 제약 때문이었습니다[그림 3-9].

남서쪽에는 두류공원이, 북동쪽에는 팔공산이 자리하면서 노선을 직선으로 내기 어려웠습니다. 이러한 지형적 한계를 피하기 위해 도로망이 먼저 우회적으로 형성되었고, 지하철 또한 이 도로망을 따라 건설될 수밖에 없었습니다. 그 결과 노선은 직선성을 확보하지 못하게 되었고, 도심 접근성 또한 간접적인 구조를 띠게 되었습니다.

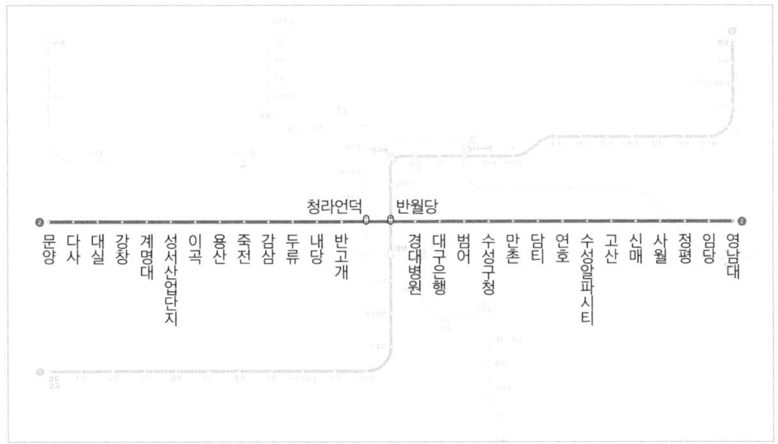

자료 출처: 네이버 지도

반면 2호선은 대구의 동서를 가로지르는 거의 완벽한 직선 노선으로 계획되었습니다. 이는 몇 가지 이유에서 가능했습니다[그림 3-10].

무엇보다 이 구간은 지형적 제약이 크지 않아 비교적 평탄한 지역을 따라 노선을 설계할 수 있었습니다. 또한 이미 대구의 핵심 간선도로인 달구벌대로가 형성되어 있었기에, 그 밑으로 지하철을 계획하는 것이 용이했습니다. 여기에 상업·산업·교육·행정 등 도시의 주요 기능이 이 축을 따라 집중되어 있었던 점도 중요한 배경이 되었습니다.

결국 지하철 2호선이 달구벌대로를 직선으로 관통하면서, 대구의 핵심 기능과 교통의 중심축이 완성되었습니다. 가까운 지역은 더 빠르게, 먼 지역도 비교적 짧은 시간 안에 도심과 연결되면서, 시간적·심리적 거리가 크게 단축되었습니다.

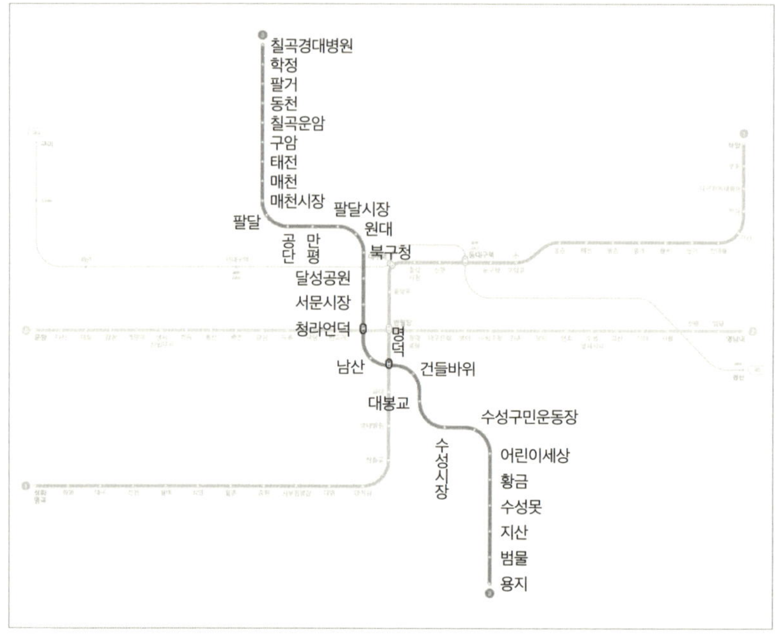

자료 출처: 네이버 지도

이러한 조건들이 겹치며 2호선 축선은 대구에서 도시 기능과 주거 가치가 가장 강하게 집적되는 핵심 가격축으로 자리 잡게 되었습니다.

지하철 3호선은 1호선이나 2호선과는 다른 출발점에서 계획되었습니다. 지형적 제약보다는 사업성과 수요 밀도를 우선시한 결과, 도심을 관통하는 직선이 아니라 생활권을 조각내어 이어 붙인 계단형 노선이 탄생하게 된 것입니다[그림 3-11].

칠곡, 침산, 대봉, 범어, 지산, 범물 등 인구 밀도가 높거나 생활 수요가 많은 지역을 연결하는 데 초점을 두었지만, 도심을 직선으로 관통하지 못한 만큼 도시의 핵심 기능을 응축하는 힘은 약할 수밖에 없었습니다. 다시 말해, 3호선은 생활권 연결에는 유용하지만, 부동산 가치의 축적을 만들어내는 힘은 상대적으로 제한적이라고 보아야 합니다.

도시의 성장은 구조적 원리에 의해 이루어집니다. 그 핵심은 교통축이며, 이 축을 따라 기능이 집적되고 가치가 응축됩니다. 대구에서 지하철 2호선은 시의 중심 기능을 직선으로 연결하는 구조적 축선으로 자리 잡았습니다.

따라서 '2호선 라인 아파트는 좋다'는 인식은 시장의 단기적 평가가 아니라, 도시 구조가 만들어낸 필연적 결과입니다. 이는 교통망과 토지 이용의 상호작용이 장기간 축적된 결과이며, 앞으로도 도시의 공간 질서를 설명하는 핵심 기준으로 작용할 것입니다.

> 2호선은 단순한 역세권이 아니라 도시 기능이 집중되는 축이다. 이 축을 차지하는 입지는 언제나 시장의 중심이 된다.

입지 좋은 우리 집,
왜 안 오를까?

많은 사람들이 아파트 가격을 이야기할 때 가장 먼저 떠올리는 것은 입지입니다. 지하철역과의 거리, 직장 접근성, 학군, 생활 편의시설 등은 부동산의 기본 가치로 여겨집니다. 그러나 실제 시장에서는 입지나 상품성이 비슷한 단지들 사이에서도 가격 격차가 크게 벌어지는 경우를 흔히 볼 수 있습니다.

교통 접근성과 생활 편의시설이 유사함에도 어떤 단지는 상대적으로 높은 가격을 형성하고, 다른 단지는 정체되는 현상이 나타납니다.

이러한 차이를 만들어내는 열쇠는 입지 그 자체가 아니라, 그 입지가 지닌 '이미지'와 '인지적 자산'입니다.

도시를 연구한 케빈 린치는 사람들은 도시를 기능보다 이미지로 기억한다고 말했습니다. 이는 사람들이 도시나 특정 단지를 평가할 때 물리적 조건보다 그곳이 주는 느낌, 상징, 이야기를 통해 가치를 인식한다는 뜻입니다. 아파트 가격은 물리적 기반 위에 쌓이는 비가시적 인식의 층위에서 결정되는 경우가 많습니다. 본 절에서는 그중 핵심적인 네 가지 요소인 입지, 상징, 노출, 스토리를 살펴봅니다.

입지는 아파트 가치의 기초 체력입니다. 교통, 학군, 편의시설 등 물리적 조건이 우수할수록 시장 진입장벽이 높아지고, 거래 안정성이 커집니다. 이는 장기적으로 가격 하방을 방어하는 중요한 요소가 됩니다. 그러나 입지는 어디까지나 '기초 체력'에 불과합니다. 좋은 입지가 있다고 해서 자동적으로 높은 가격이 보장되는 것은 아닙니다.

상징은 단지의 정체성과 위상을 시장에 각인시키는 요소입니다. 대규모 단지, 프리미엄 브랜드, 고급 외관이나 커뮤니티 시설은 모두 상징적 이미지를 형성합니다. 브랜드만으로도 신뢰를 주는 단지들이 존재하는 이유가 여기에 있습니다. 이러한 상징은 단순히 물리적 품질 이상의 가치를 만들어냅니다. 사람들은 특정 단지를 떠올릴 때 '좋은 동네', '대표 아파트', '고급 이미지'와 같은 감정을 함께 불러일으킵니다. 이 감정이 곧 가격에 반영되는 것입니다.

사람은 자주 보는 대상에 대해 친숙함과 신뢰감을 느끼는 단순 노출 효과를 지닙니다. 도심 주요 도로변에 위치해 시각적으로 잘 드러나는 단지, 유튜브·뉴스·블로그 등에서 반복적으로 언급되는 단지, 커뮤니티에서 자주 회자되는 단지는 그렇지 않은 단지보다 훨씬 강력한 인식 효과를 누립니다. 같은 입지라 하더라도 '얼마나 보이느냐'에 따라 시장의 체감 가치는 달라질 수 있습니다. 노출은 가격 형성 과정에서 브랜드처럼 작용하는 비물질적 자산입니다.

스토리는 단지에 '이야기'와 '사연'을 부여합니다. '곧 재건축된다더라', '지하철이 들어온다더라', '재개발 예정지와 가깝다더라'와 같은 이야기들은 실제 정책보다 빠르게 시장 심리를 움직입니다. 사람들은 기능적 가치보다 감정적으로 의미 있는 이유가 있는 곳에 마음을 둡니다. 단지는 이렇게 만들어진 서사를 통해 기대감을 키우고, 그 기대감이 곧 수요로 전환됩니다. 스토리가 형성되고, 그것이 반복적으로 노출될 때 가격은 '움직이기 시작'합니다.

이 네 가지 요소는 독립적으로 작동하지 않고 상호작용하며 하나의 인식 구조를 형성합니다. 좋은 입지라는 기초 체력 위에 상징이 얹히고, 노출을 통해 인식이 강화되며, 스토리를 통해 감정적 연결이 만들어집니다. 이 모든 과정은 물리적 가치와는 다른 차원에서 '인지적 프리미엄'을 형성합니다.

예컨대 호재가 뉴스에 나오는 것만으로는 가격에 직접적인 영향을 주지 못합니다. 그러나 그 호재가 사람들 머릿속에 이야기로 각인되고, 반복적으로 언급되고 노출될 때, 단지는 하나의 '이름값'을 가지게 됩니다. 이때부터 가격은 단순한 실거래 수준을 넘어 '시장 기대'라는 프리미엄을 얻게 됩니다.

> 입지는 출발점일 뿐이다. 가격을 밀어 올리는 힘은 노출·상징·스토리라는 보이지 않는 자산에서 나온다.

노출도,
보이지 않는 가치

　도시의 주거 가치는 거리나 시간의 문제가 아니라, 사람들이 그 공간을 어떻게 '경험하고 인식하느냐'와도 밀접하게 연결되어 있습니다. 교통 접근성, 입지, 상징성, 상품성은 부동산 가치 형성의 핵심 요인으로 잘 알려져 있지만, 이와 더불어 주목해야 할 요소 중 하나가 바로 '노출도'입니다.

　심리학에서 말하는 '단순 노출 효과'는 어떤 대상을 반복해서 접할수록 익숙함이 높아지고, 익숙함이 곧 호감으로 이어지는 현상을 의미합니다. 주거 부동산 역시 예외는 아닙니다. 차량으로 지나치거나 지하철을 이용하는 과정에서 반복적으로 마주치는 아파트 단지는 사람들의 무의식 속에 '익숙한 곳'으로 자리 잡습니다. 이러한 익숙함은 심리적 선호와 선택 확률의 증가로 이어지고, 궁극적으로는 가격에도 반영됩니다.

그렇다면 이러한 노출 효과는 실제 시장에서는 어떤 모습으로 나타

날까요? 본 절에서는 그 작동 방식을 구체적으로 살펴보겠습니다. 분석

자료로는 대구시 교통종합정보센터의 주요 교차로 차량 통행량과 국토

교통부 도시철도 1~3호선 역별 승·하차 인원을 활용했습니다. 교차로

와 역세권의 노출도를 수치화한 뒤, 인근 아파트의 실거래 시세와 비교

함으로써 '얼마나 많은 사람들이 특정 단지를 보고 지나치는가'가 가격

형성에 어떤 함의를 가지는지 살펴본 것입니다.

그 결과, 노출도가 높은 지역일수록 아파트 가격이 높게 형성되는

경향이 확인되었습니다[그림 3-12]. 상관계수(r)는 0.65, 결정계수(R^2)

는 0.43으로 나타났으며, 통계적으로도 강한 유의성을 보였습니다. 이

는 노출도가 부동산 가치 형성에 실질적으로 작용하는 변수임을 보여

[그림 3-12] 노출도 & 아파트 가격

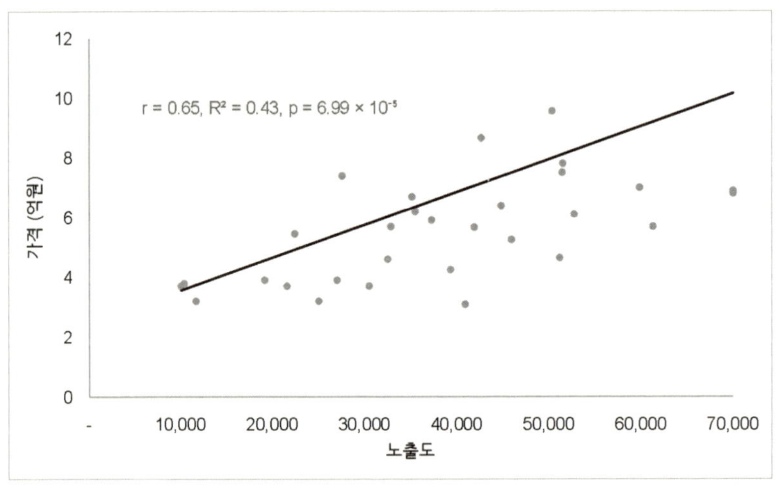

자료 출처 : 대구시 교통종합정보센터, 국토교통부

줍니다. 다시 말해, 입지와 상품성, 상징성 등 전통적인 가치 요소 외에도 '얼마나 많은 사람들이 그 단지를 인식하고 기억하는가'가 가격을 지탱하는 하나의 축으로 작용한다는 뜻입니다.

구체적인 사례를 보면 이 효과는 더욱 분명해집니다. 동대구 역세권 단지들은 핵심 교통 축선 상에서 높은 노출 효과를 통해 입지 프리미엄을 강화하고 있으며, 상인 역세권 단지들은 도심 접근성이 다소 떨어짐에도 높은 가시성과 교통량 덕분에 인근 신축 단지와 유사한 가격대를 유지하고 있습니다. 두류 역세권 단지들 역시 달구벌대로 축선의 중심부라는 높은 노출도를 기반으로 향후 비수성구 핵심 단지로 자리매김할 가능성이 높습니다.

노출도는 부동산 가치의 '보이지 않는 축'입니다. 전통적으로 가치 평가에서 강조되어 온 교통 접근성, 학군, 상권, 상징성 등의 요소를 보완하거나 때로는 강화하는 요인으로 작용합니다. 이는 사람들의 일상 동선과 기억 속에 단지를 각인시키는 과정이며, 이러한 인지적 친숙감이 실제 거래 가격을 지탱하는 심리적 기반이 됩니다.

앞으로 도시철도 4호선(엑스코선)이 개통되면 단순한 출퇴근 시간 단축 이상의 효과가 나타날 가능성이 높습니다. 새로운 교통 축을 따라 노출도의 지도가 재편되면, 지역별 아파트 가치에도 새로운 변곡점이 만들어질 수 있습니다.

> 사람들은 익숙함을 호감으로 해석한다. 많이 보이는 아파트일수록 가격 프리미엄이 형성되는 이유가 여기에 있다.

4호선(엑스코선) 개통과
노출도 재편

　도시의 공간 구조는 교통망의 형성과 확장에 따라 장기적으로 재편되는 경향을 보입니다. 교통망은 단순한 이동 경로를 넘어, 도시의 시선이 집중되는 인지적 축선으로 작용합니다. 출퇴근 동선, 간선도로, 도시철도 노선 등은 도시민의 반복적인 이동 경로를 결정하고, 이러한 경로는 결과적으로 부동산 가치의 분포와 변동 경로에 깊은 영향을 미치게 됩니다.

　수성구민운동장을 시작으로 복현오거리, 엑스코, 이시아폴리스로 이어지는 4호선 축선은 이러한 인지적 축선이 가장 뚜렷하게 형성된 구간이라고 할 수 있습니다. 교통량 분석 결과, 도심부일수록 교통량이 집중되고 외곽으로 갈수록 완만하게 감소하는 양상이 나타났습니다.

　다가올 4호선(엑스코선) 개통은 이 축선을 따라 새로운 교통망이 중첩되는 사건이며, 결과적으로 도시의 시선이 외곽으로 확장되는 공간적 전환점이 될 가능성이 높습니다.

　교통량은 도시 구조를 해석하는 데 있어 가장 기초적인 행태적 단서 중 하나입니다. 교통량은 도시민의 이동 경향과 일상 동선을 직접적으로 반영하며, 도시의 흐름을 가시화합니다. 분석 결과, 범어네거리의 교통량이 가장 높았고, 복현오거리·동대구역네거리·이시아폴리스 순으로 교통량이 완만하게 감소하는 양상을 보였습니다[그림 3-13]. 이러한 결과는 도시의 중심성과 외연 확산 간의 비대칭적 구조를 명확히 보여줍니다.

[그림 3-13] 4호선 노선도 & 지점별 교통량

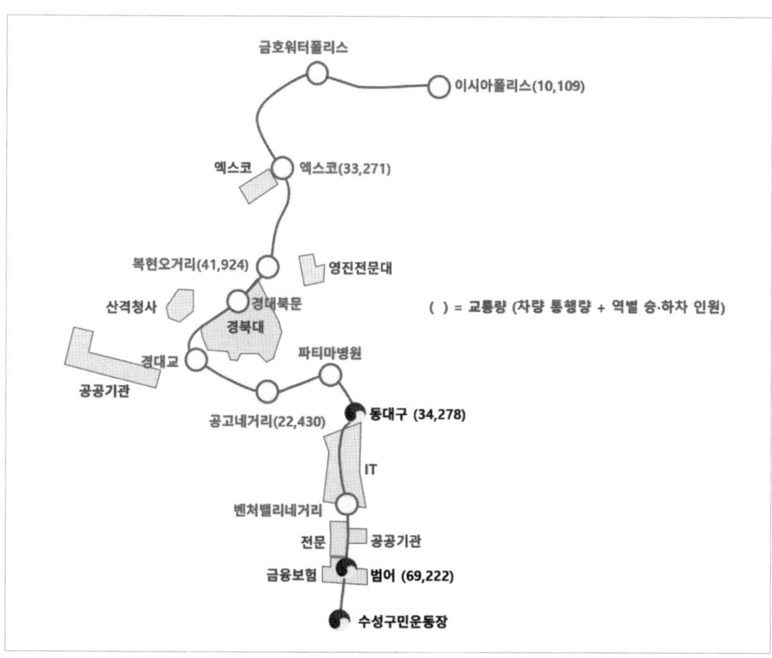

자료 출처: 대구시 교통정보센터, 국토교통부

이러한 축선은 교통망 개통 이전에도 이미 형성된 인지적 경로이자, 도시민의 이동 패턴이 고착된 구간입니다. 따라서 4호선의 개통은 새로운 축선을 만들어내는 것이 아니라, 기존의 공간 축을 강화하고 확장하는 기능적 성격을 지닌다고 할 수 있습니다.

아파트 가격 상승은 도시 구조상 일정한 경로를 따라 확산되는 경향을 보입니다. 일반적으로 교통과 인식이 집중되는 도심부에서 상승이 먼저 시작되고, 이후 외곽으로 점진적으로 파급되는 흐름을 나타냅니다. 4호선의 경우에도 범어네거리, 동대구역네거리, 복현오거리를 중심으로 1차 상승이 개시되고, 시간이 경과함에 따라 엑스코와 이시아폴리스 구간으로 2차 상승이 확산될 가능성이 높습니다.

이 과정에서 상승 폭은 상대적으로 저평가된 외곽 지역에서 더 크게 나타날 수 있으나, 상승의 시작점은 교통량과 인식이 집중된 도심부가 될 가능성이 높습니다. 이러한 전이 경로는 과거 주요 교통망 개통 시 반복적으로 확인된 전형적인 공간—가격 파급 패턴과도 일치합니다.

다만 이러한 상승 파급력은 단일 요인으로 설명되기 어렵습니다. 교통 접근성, 상권, 학군, 생활 편의, 상징성과 같은 입지 요소가 기반을 형성하고, 여기에 도시의 시선이 집중되는 노출도가 결합할 때 상승의 강도는 배가됩니다.

특히 모든 역세권이 동일하게 평가받지 않는 이유는, 공간적 입지 조건과 노출도가 중첩되는 지점에서만 상승 파급력이 실질적으로 작동하기 때문입니다.

결국 향후 4호선 역세권 아파트 가격을 결정짓는 핵심 요인은 도시의 시선이 얼마나 집중되는지, 그리고 입지와 노출도가 얼마나 중첩되는지에 달려 있습니다. 이러한 특성은 4호선 개통이 도시 공간 질서를 재편하는 중요한 계기가 될 수 있음을 시사합니다.

엑스코선은 시간을 줄이는 선이 아니라, 도시의 시선을 재배치하는 선이다. 새 노출축을 따라 새로운 가치가 형성된다.

대구시청 이전과
부동산 가치 변화

대구시는 오랫동안 동인청사와 산격청사로 나뉘어 운영되면서 행정 효율성과 시민 편의성 측면에서 한계를 드러내 왔습니다. 이에 따라 꾸준히 제기되던 신청사 건립 논의가 2019년 옛 두류정수장 부지로 확정되었고, 2030년경 대구시청이 이전할 예정입니다. 이는 도시 구조와 부동산 시장의 관점에서 보면 그 의미는 훨씬 더 크다고 할 수 있습니다.

행정기관의 이동은 자본과 인구의 흐름을 재편하는 신호가 됩니다. 공공기관을 중심으로 금융·보험·법률 등 전문 업종이 재배치되며, 이에 따라 상권과 주거 수요가 새롭게 형성됩니다.

현재 동인청사 주변에는 하나은행, 한화생명 등 금융기관이 자리 잡고 있습니다. 이들이 입지한 이유는 공공기관이 만들어내는 안정적인 수요 덕분입니다. 시청이 이전하게 되면 금융기관과 보험사 또한 이전을 고려할 수밖에 없으며, 이는 자본과 소비가 함께 이동한다는 의미를 지닙니다.

공공기관과 금융기관이 집적되면 양질의 일자리가 늘어나고, 이는 곧 평일 낮 유동인구 증가로 이어집니다. 점심과 저녁 시간의 소비가 확대되고, 상가 공실률이 낮아지며, 임대가가 회복되는 선순환이 기대됩니다. 결국 두류 일대는 새로운 상권의 중심지로 발전할 가능성이 높습니다.

거주 수요 역시 가구 형태와 생활 유형에 따라 다양하게 나타날 것으로 예상됩니다. 우선 20~40대 직장인으로 구성된 1인 가구가 꾸준히 유입될 가능성이 큽니다. 시청이나 금융기관, 보험사 등에서 근무하는 경우가 많아 이들은 직주근접성을 최우선 가치로 두게 되며, 소형 아파트나 오피스텔을 선호할 것입니다. 이러한 수요는 지역 내 소형 주거지 시장의 안정성을 높이는 기반으로 작용할 수 있습니다.

주말부부나 단기 파견 근무자와 같은 1.5인 가구도 일정한 비중을 차지할 것입니다. 이들은 생활 근거지가 타 지역에 있으면서 일정 기간 동안만 대구에 머무르는 경우가 많기 때문에, 장기 정주보다는 단기 임대 형태의 주거를 선호하는 경향이 뚜렷합니다. 따라서 원룸, 투룸, 또는 임대차 전환이 용이한 소형 아파트에 대한 수요가 집중될 가능성이 있습니다.

맞벌이 부부로 이루어진 2인 가구는 상황이 다릅니다. 이들은 직주근접뿐만 아니라 생활 편의성, 교통 접근성까지 고려하기 때문에 실질적인 정주 수요로 이어질 확률이 높습니다. 특히 두류 일대는 도심과 주요 산업단지 간 이동이 용이하다는 장점이 있어, 장기적인 거주 수요층으로 자리잡을 수 있습니다.

초등학생 자녀를 둔 3인 가구는 교육과 생활 인프라를 동시에 고려합니다. 인근 초등학교 배정과 함께 두류공원, 도서관, 학원가 등 풍부한 생활 기반 시설이 갖춰져 있어 안정적인 정주 환경이 가능합니다. 반면, 중·고등학생 자녀를 둔 3~4인 가구의 경우 학군의 한계로 인해 단기적으로는 이 지역으로 전입하는 데 제약이 따를 수 있습니다. 이는 향후 학군 인프라가 어떻게 보완되는지에 따라 수요 확대 여부가 달라질 수 있는 부분입니다.

은퇴 세대 역시 중요한 수요층입니다. 이들은 교육보다는 생활 편의성과 의료 접근성을 우선적으로 고려하기 때문에, 두류 일대가 지닌 병원·전통시장·공원 등 생활 기반 시설과 교통 접근성을 높게 평가할 가능성이 큽니다. 결과적으로 은퇴 세대는 장기적이고 안정적인 정주 수요를 형성함으로써 지역 주거시장의 균형을 뒷받침할 수 있습니다.

행정기관 이전은 도로, 공원, 주차장, 문화시설 등 기반시설 확충을 동반합니다. 이미 교통과 상권이 발달한 두류 일대에 행정·금융 기능이 더해지면, 이 지역은 '완성형 생활권'으로 진화할 가능성이 높습니다.

신서혁신도시가 외곽 택지지구 중심으로 조성되어 자족성을 확보하지 못한 채 주거 기능에 머물렀던 것과 달리, 두류는 서도심의 중핵으로서 교통·업무·생활 인프라가 이미 집적된 지역입니다. 따라서 대

구시청의 두류 이전은 단순한 행정기관의 이동을 넘어, 도시의 중심축
을 서쪽으로 이동시키는 중요한 전환점이 될 것입니다.

시청 이전은 행정기관의 이동이 아니라 기능·자본·사람의 흐름이 재배치되는
사건이다. 그 변화가 새로운 가격축을 만든다.

진주혁신도시 사례로 본
성공적인 신도시의 조건

국내에서 '혁신도시'라는 용어는 오랜 기간 동안 외곽 입지, 부족한 정주 여건, 불편한 교통 접근성, 기계적인 기관 이전 등 부정적 이미지와 함께 인식되어 왔습니다. 이러한 인식은 상당 부분 실제 도시의 초기 조성 방식과 구조적 한계에서 비롯된 것이기도 합니다. 필자 역시 대구 신서혁신도시를 사례로 접한 경험을 통해 이와 같은 선입견을 가지고 있었습니다.

그러나 진주혁신도시를 직접 살펴보며 이러한 인식이 단순한 편견에 그칠 수도 있음을 확인했습니다. 인구 30만 규모의 지방 도시임에도 대표 단지 실거래가가 6억 원을 넘는다는 사실은, 기존의 기대치를 훨씬 뛰어넘는 결과였습니다.

이는 고소득 공공기관 종사자라는 안정적 수요층, 생활 인프라의 적정 수준, 공급 부족이 결합하면서 진주 도시 구조 안에는 존재하지 않던 새로운 핵심지가 형성된 결과라고 볼 수 있습니다.

신도시의 정착 가능성을 결정짓는 가장 중요한 요소 중 하나는 교육 인프라입니다. 대부분의 혁신도시가 초·중등 교육시설까지만 확보하고 고등학교는 외부 도심에 의존하는 반면, 진주혁신도시는 신도시 내부에 일반계 고등학교인 진양고등학교를 보유하고 있습니다. 이는 학령기 자녀를 둔 가구의 정주 의사결정에서 매우 중요한 요인으로 작용합니다.

도보권 내 고등학교의 존재는 해당 도시를 '거주할 만한 곳'에서 '정착하고 싶은 곳'으로 인식하게 만드는 심리적 임계값으로 기능합니다. 반면 신서혁신도시에는 일반계 고등학교가 부재하여, 자녀가 중·고등학생인 가정의 장기 정착을 제약하는 구조적 요인으로 작용하고 있습니다. 교육 인프라의 유무는 혁신도시가 단순한 주거지에서 정주도시로 전환되는 분기점을 가르는 핵심 변수입니다.

도시의 물리적 구조뿐 아니라, 상징적 이미지 역시 부동산 시장에서 중요한 역할을 합니다. 진주혁신도시는 LH 본사 사옥과 윙스타워와 같은 상징 건축물을 통해 '반듯하고 세련된 도시'라는 이미지를 구축했습니다.

이러한 상징물은 도시의 자존감을 강화하고 외부 방문객에게 긍정적인 인상을 형성하여, 매수심리에 심리적 프리미엄을 부여하는 무형의 자산으로 작동합니다.

반면 대구의 신서혁신도시는 기관 건물이 단조롭고 도시 이미지가

출처: 인터넷

베드타운의 성격에 가까워, 동일한 규모의 물리적 시설에도 불구하고 외부 수요 유입 측면에서 상대적 한계를 드러냅니다. 이는 도시의 물리적 인프라뿐만 아니라 이미지 전략이 수요 형성에 실질적인 영향을 미칠 수 있음을 보여주는 사례입니다.

진주혁신도시는 LH 박물관, 익룡발자국 전시관, 진주시립 이성자미술관 등 다양한 문화·체험 시설을 갖추고 있습니다. 여기에 대형 프랜차이즈 상권, 호텔, 복합문화센터까지 더해져 자족 기능을 갖춘 도시로 기능하고 있습니다.

출처 : 인터넷

특히 종합병원의 존재는 도시 성숙도의 지표로서 중요한 의미를 가집니다. 대형 의료기관은 일정 규모 이상의 인구 기반과 안정적인 정주 수요 없이는 입지를 결정하지 않기 때문에, 이는 곧 도시의 자생력과 생활권 완결성을 상징합니다. 이러한 요소들이 결합되면서 진주혁신도시는 '머무를 이유가 있는 도시'로 자리매김하고 있습니다.

진주혁신도시는 주거, 교육, 교통, 문화, 의료, 일자리, 여가가 유기적으로 결합된 완성형 신도시 모델로 평가할 수 있습니다. 특히 중소도시 맥락에서는 반듯한 중심업무지구와 자족 기능을 갖춘 신도시 모델이 높은 경쟁력을 발휘합니다.

반면 광역시급 도시에서는 요구되는 기대 수준이 더 높습니다.

단순히 기관 이전만으로는 정주 수요를 만들기 어렵고, 교육·문화·의료 인프라와 도시 이미지, 상징 시설은 기존 도시보다 우월한 수준으로 갖추어져야 합니다.

진주혁신도시의 사례는 '혁신도시는 모두 비슷하다'는 통념을 깨뜨리며, 신도시의 성공 여부가 초기 기획 단계에서 이미 상당 부분 결정된다는 점을 보여줍니다.

진주혁신도시는 외곽 신도시가 아니라 교육·문화·의료·이미지가 결합된 완성형 생활권이다. 이 정주성이 시장의 평가를 끌어올리며 신도시 가치의 새로운 기준을 세웠다.

범어동,
입지는 만들어지는 것이다

'범어동은 원래부터 비싼 동네였을까?' 현재 범어동은 대구에서 가장 높은 시세를 기록하는 아파트들이 밀집한 지역이지만, 그 위상은 하루아침에 형성된 것이 아닙니다. 범어동이 오늘날의 입지를 갖추기까지는 수십 년에 걸친 산업, 행정, 교육, 주거, 그리고 상징성의 변화가 축적되어 왔습니다.

1960-70년대 대구는 전국 섬유산업의 중심지였습니다. 수많은 제조업체와 무역업체, 자영업자가 활발히 활동하면서 회계·법률·금융과 같은 고도화된 서비스업에 대한 수요가 자연스럽게 발생했습니다. 이 시기에 형성되기 시작한 서비스업 인프라는 훗날 범어동이 대구의 핵심 입지로 자리매김하는 데 중요한 기반이 되었습니다.

1970년대 초반, 대구지방법원과 검찰청, 주요 금융기관들이 범어네거리 일대로 이전하면서 범어동은 대구의 행정·금융 중심지로 부상하였습니다. 이 시점부터 도시의 중심축은 남구·중구에서 수성구로 이동하기 시작했고, 전문직 고소득층이 범어동을 주거지로 선택하는 흐름이 본격화되었습니다. 이는 지역 성격을 근본적으로 바꾸는 전환점이 되었습니다.

행정과 금융 기능이 집결하자, 자녀 교육을 중시하는 수요 역시 범어동으로 집중되었습니다. 경신고, 대륜고, 경북고등 지역 명문학교들이 입지를 다지면서 범어동은 학군지로 확고히 자리 잡았습니다. 이 과정에서 '고소득층, 학군, 집값'으로 이어지는 선순환 구조가 형성되었고, 범어동은 고소득층이 선호하는 정주지로 굳어졌습니다.

2000년대 중후반에 접어들며 범어네거리 일대에는 대형 브랜드 아파트 단지가 잇달아 조성되었습니다. 이로써 범어동은 단순히 고가 주거지를 넘어 사회적 상징성을 지닌 '엘리트 정주지'로 자리매김하게 되었습니다. 법률·금융 종사자, 고위 공무원, 병원과 교육 분야의 종사자 등 도시 내 권력 계층이 대거 거주하면서, 범어동은 이제 '살고 싶다'가 아니라 '살 수 있느냐'가 더 중요한 지역으로 인식되고 있습니다.

범어동의 입지는 행정, 금융, 교육 기능의 집결을 통해 완성되었지만, 그 근간에는 여전히 대구의 실물경제가 존재합니다. 서비스업은 독립적으로 성장할 수 없으며, 제조업이 뒷받침될 때 지속성이 확보됩니다. 따라서 대구의 제조업이 위축된다면 범어동의 고소득 기반 역시 흔들릴 수 있습니다.

이 사례는 범어동의 입지가 단순히 주어진 것이 아니라, 산업·행

정·교육·주거·상징성의 축적 과정을 통해 형성되었다는 점을 보여줍
니다. 따라서 입지 분석은 현재의 조건만을 평가하는 것이 아니라, 그
형성과정을 함께 고려해야 한다는 중요한 시사점을 제공합니다.

범어동은 원래부터 비싼 동네가 아니라, 산업·행정·금융·교육이 누적되며 만
들어진 대구의 핵심 가치축이다.

4장

도시의 뿌리, 산업과 인구

대구는 이렇게
돈을 번다

대구 경제 구조를 이해하기 위해서는 무엇보다 산업별 부가가치 비중을 살펴볼 필요가 있습니다. 2022년 기준 대구의 제조업 부가가치는 약 12.3조 원으로, 단일 산업으로는 가장 큰 규모를 차지합니다. 그러나 금융·보험업(4.7조), 부동산업(5.8조), 보건·사회복지(5.2조), 공공행정(5.0조), 교육 서비스업(4.6조), 도매·소매업(4.5조) 등 주요 서비스업을 합산하면 41.5조 원에 달합니다. 아래의 [그림 4-1]은 제조업과 서비스업의 격차를 직관적으로 보여줍니다. 이는 대구가 전통적으로 내륙 공업 도시로 성장했음에도 불구하고, 오늘날에는 서비스업 중심의 도시 구조로 전환되었음을 보여줍니다. 제조업이 여전히 대구 산업의 한 축을 이루고 있지만, 도시 공간 구조를 결정짓는 힘은 점점 서비스업 쪽으로 기울고 있습니다.

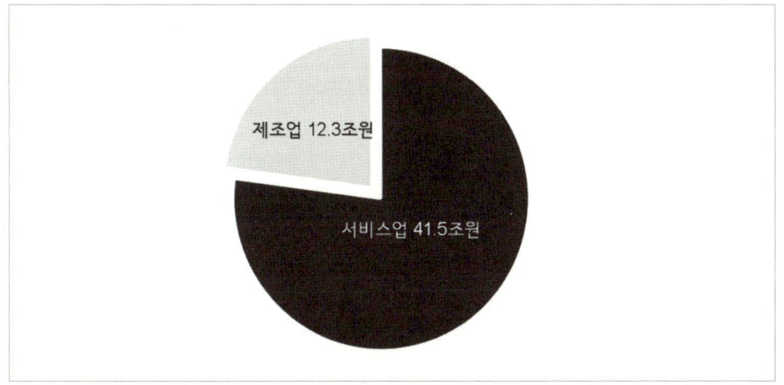

자료 출처: 통계청

대구의 제조업 기반은 주로 성서공단에 집중되어 있습니다. 이곳에서는 자동차부품, 기계류, 전자부품 등을 생산하며, 대부분은 울산·충청·경기 등 수도권 제조공장 또는 해외시장으로 납품됩니다. 이를 뒷받침하는 물류 인프라도 잘 갖춰져 있습니다. 성서IC, 남대구IC, 달서대로 등 주요 도로망을 통해 원자재 공급과 완제품 운송이 원활하게 이뤄지고 있습니다. 3공단과 검단공단은 성서공단의 하위 벤더 역할을 하며, 소기업·영세기업 중심으로 구성되어 있습니다.

성서공단·염색공단·서대구공단·3공단·검단공단 등이 모두 도심 외곽에 위치한 것을 확인할 수 있습니다[그림 4-2]. 이는 공장 소음, 대기오염, 교통량 증가 등 민원 문제를 회피하고, 토지가격·인허가 절차에서 유리한 점을 고려한 결과입니다. 또한 산업단지 지정 시 정부의 세제 혜택과 기반시설 지원도 외곽 입지를 유도하는 요소였습니다. 서

대구공단은 한때 섬유산업의 중심지였지만 현재는 쇠퇴하여 창고·공방 중심으로 변모하거나 도시재생사업 대상지가 되고 있습니다.

또 다른 축은 외부 소비자 유입에 기반한 서비스 산업입니다. 대구는 대구·경북 전역의 중심 역할을 하며, 의료, 쇼핑, 관광 수요를 흡수합니다. 대구역과 동대구역을 통해 유입된 외지인들은 병원 진료, 쇼핑, 외식, 숙박 등에 지출하며, 이는 곧 지역 내 소비 활성화로 이어집니다. 이러한 흐름 덕분에 중구 동성로, 동대구역 일대에는 상가, 병원, 백화점이 밀집하며 도시 소비 중심축을 형성해 왔습니다.

[그림 4-2] 대구시 지적편집도

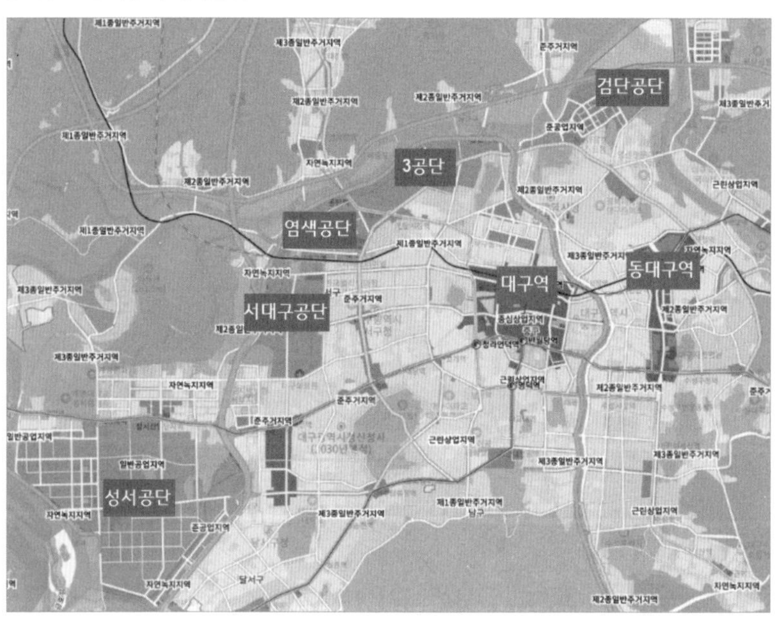

자료출처: 카카오맵, 자체작성

이 모습은 지도에서도 확인되듯, 동성로와 동대구역을 중심으로 한 상업지역이 뚜렷하게 나타납니다[그림4-2]. 특히 동대구역 복합환승센터와 신세계백화점의 등장 이후 소비 중심축은 중구에서 동구로 분산되는 경향을 보였습니다. 이는 교통망 재편과 중심지 기능 변화의 공간적 결과라 할 수 있습니다.

결국 대구는 두 개의 구조로 돈을 법니다. 하나는 공업단지에서 제품을 생산해 외부로 판매하는 구조, 다른 하나는 외부 인구가 대구로 들어와 소비하는 구조입니다. 이 두 축은 대구의 경제를 지탱하는 쌍두마차이며, 동시에 도시 내부의 공간 분화를 이끌어왔습니다.

> 대구 경제는 공단에서 외부로 돈을 벌어들이는 힘과, 광역권 인구가 도심으로 모여 소비하는 힘, 이 두 축이 함께 도시를 지탱해 왔다.

대구 경제,
정말 폭망했을까?

일부 담론에서는 최근 대구 지역 경제에 대하여 '폭망했다'는 과격한 표현까지 사용하고 있습니다. 그러나 실질 지역내총생산(GRDP) 지표를 근거로 살펴보면, 이러한 평가는 과장된 측면이 있음을 확인할 수 있습니다.

2019년 이후 대구의 경제성장률은 2019년 1.6%에서 2020년 -1.1%로 감소하였다가, 2021년 4.9% 반등을 거쳐 2023년에는 1.2%로 둔화하는 흐름을 보였습니다. 표면적으로는 불안정하고 다소 하락하는 양상으로 보일 수 있습니다[그림 4-3].

그러나 같은 기간 전국 주요 시·도와 비교해 보면, 대구의 연평균 성장률은 1.8%로 부산(0.9%)이나 울산(0.6%)보다 높은 수준이며, 서울(2.0%)과도 유사한 수준임을 확인할 수 있습니다. 물론 세종(4.0%), 인천(3.2%), 경기(3.1%)와 같은 고성장 지역과 비교하면 격차가 나타나지만,

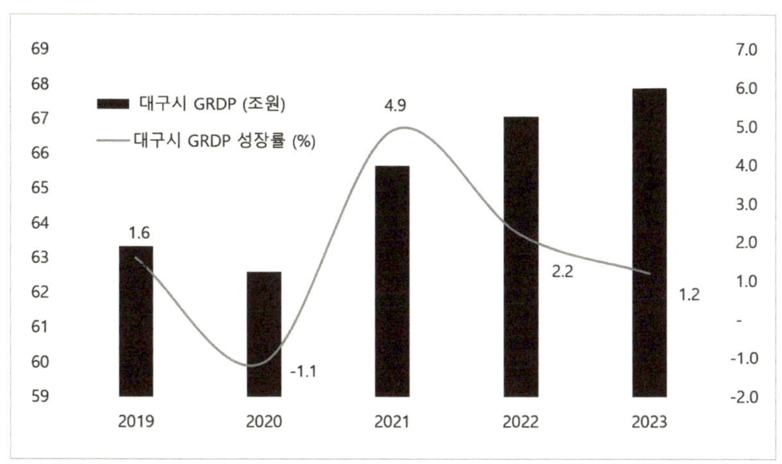

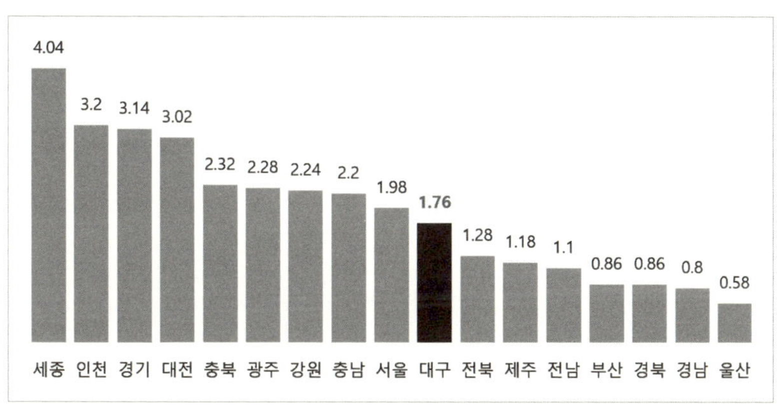

전국 최하위권으로 평가하기는 어렵습니다[그림 4-4].

따라서 대구 경제를 '폭망'으로 규정하기보다는, 상대적으로 중위권

수준의 성장세를 유지하고 있는 지역으로 이해하는 것이 더 타당하다
고 말할 수 있습니다.

> 감정적으로 '폭망'이라 불리지만, 통계로 보면 대구는 전국 중위권 수준의 체
> 력을 유지하며 꾸준히 성장해 온 도시다.

일자리가
도시의 서열을 만든다

아래의 통계청 〈임금근로일자리 행정통계(2023년 임금근로일자리 보수(소득) 결과)에 따르면, 대구에서 고소득 일자리가 주로 분포하는 산업은 금융 및 보험업, 정보통신업, 전문·과학 및 기술 서비스업, 공공행정·국방 및 사회보장 행정 등으로 확인됩니다.

순	산업분류	월소득 (만원)	순	산업분류	월소득 (만원)
1	금융 및 보험업	753	11	운수 및 창고업	352
2	전기,가스,증기 및 공기 조절 공급업	675	12	도매 및 소매업	313
			13	건설업	317
3	국제 및 외국기관	510	14	부동산업	290
4	광업	500	15	예술,스포츠 및 여가관련 서비스업	287
5	정보통신업	502	16	보건업 및 사회복지 서비스업	267
6	제조업	469	17	농업,임업 및 어업	243
7	전문,과학 및 기술 서비스업	436	18	사업시설 관리,사업 지원 및 임대 서비스업	243
8	공공 행정,국방 및 사회보장 행정	415	19	협회 및 단체,수리 및 기타 개인 서비스업	223
9	교육 서비스업	407			
10	수도,하수 및 폐기물 처리,원료 재생업	398	20	숙박 및 음식점업	181

이러한 산업은 도시 전역에 균등하게 분포하지 않고, 특정 지역에 집적되는 공간적 패턴을 보입니다. 이는 산업의 성격과 도시 공간 구조가 긴밀하게 연결되어 있기 때문입니다.

금융·행정·전문직 기반 산업은 도심부나 교통 접근성이 우수한 지역에, 제조업은 도시 외곽의 산업단지에 집중되는 경향이 뚜렷합니다.

따라서 양질의 일자리 분포를 파악하는 일은 곧 도시 구조의 핵심 축을 파악하는 일과도 직결됩니다. 아래에서는 통계청 산업별 종사자 통계를 기반으로, 대구 각 지역의 대표적인 고소득 일자리 거점을 정리하였습니다.

수성구

범어네거리 일대는 금융기관과 공공행정기관, 전문직 산업이 밀집한 대표적인 거점입니다. 대구은행 본점이 위치한 수성2·3가와 알파

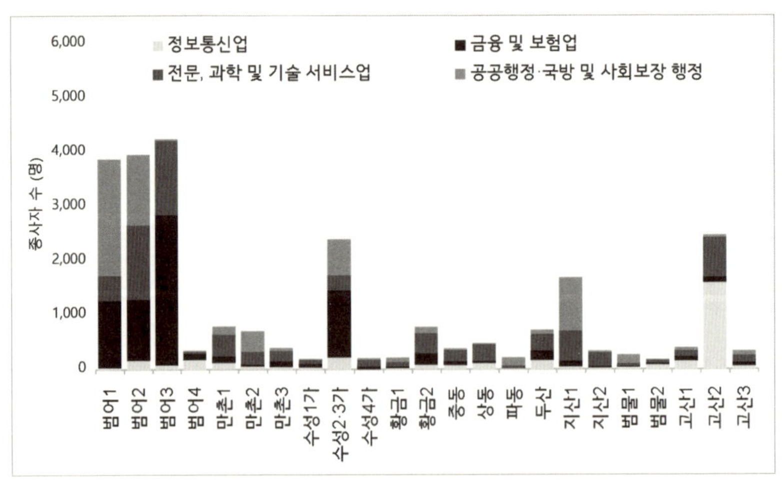

시티 개발의 영향으로 정보통신 산업 비중이 높아진 고산2동이 주목
됩니다.

중구

반월당역을 중심으로 삼덕동, 성내동, 남산동 일대에는 금융업종이
집중되어 있습니다. 대구 도심부의 행정·금융 기능이 결합된 지역으
로, 교통 접근성이 뛰어나 산업 활동의 밀도가 높은 편입니다.

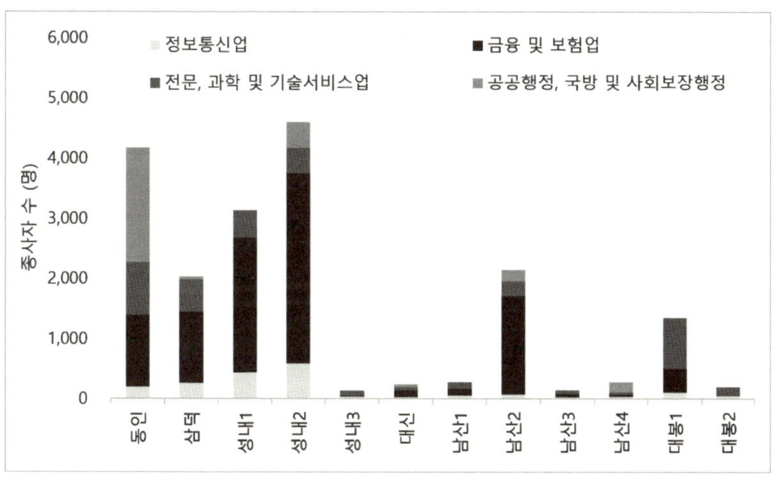

달서구

달서구는 성서공단을 기반으로 한 제조업 중심지입니다,

성서공단과 연계된 산업 구조에 더해, 두류동·용산동·월성동 일대
에는 금융기관, 법원·검찰청, 공공기관 등이 밀집하여 외곽 지역임에

도 다층적인 고용 구조를 형성하고 있습니다.

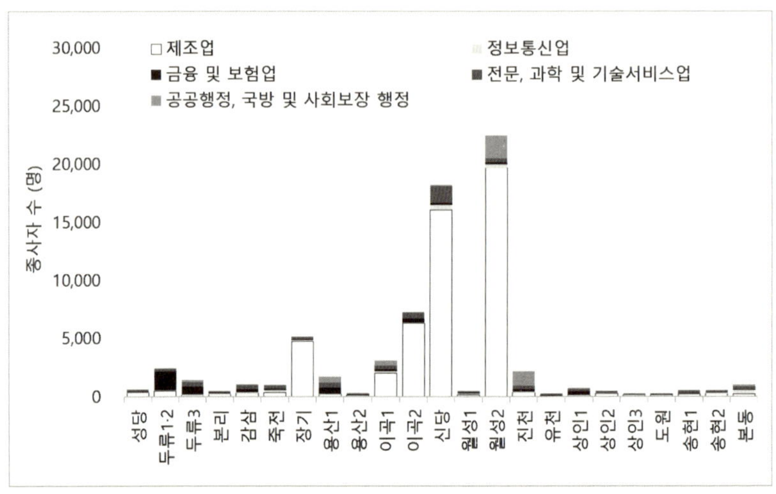

동구

신천3·4동과 동대구로 일대는 전문·과학·기술 서비스업 비중이

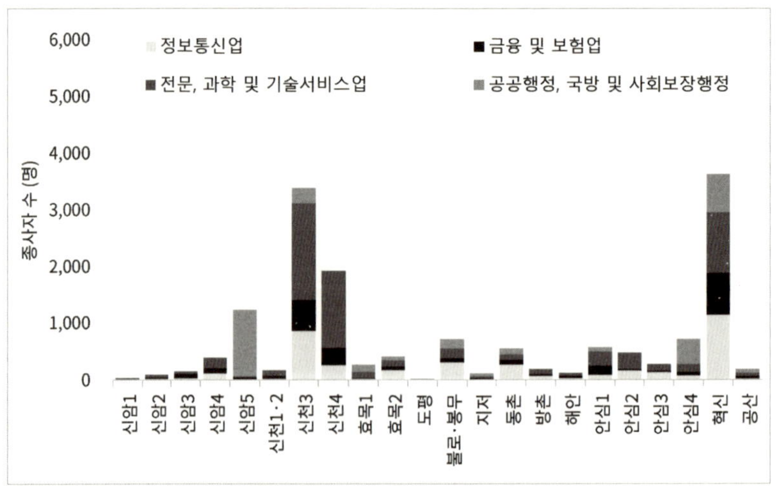

높게 나타나며, 신서혁신도시는 공공기관 이전 효과로 양질의 일자리 비중이 크게 확대한 지역입니다

북구

북구청네거리—남침산네거리 일대는 공공기관 관련 일자리 비중이 높으며, 경북대학교와 시청 산격청사의 영향으로 행정·교육·연구 분야 종사자 비중이 결합된 구조를 보입니다

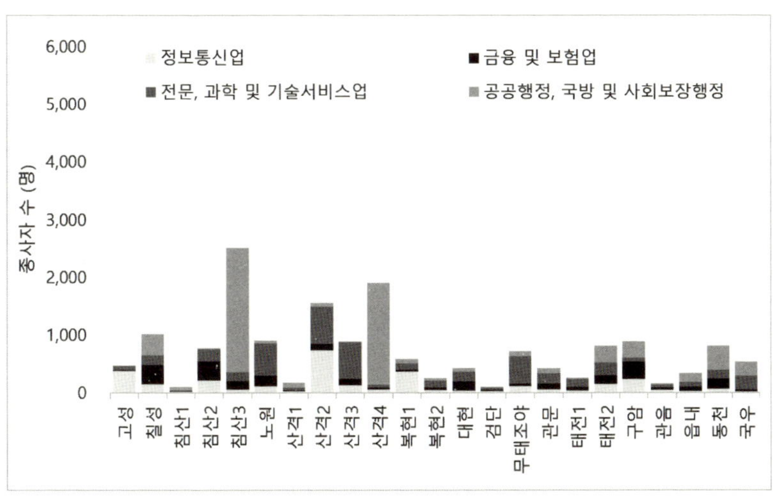

서구

서구는 다른 구에 비해 산업 기반이 상대적으로 약하지만, 2호선 두류역 일대에는 금융업이 일정 부분 집중되어 있습니다. 이는 도시 전반에서 균형 있게 나타나는 금융업 분포의 일환으로 볼 수 있습니다.

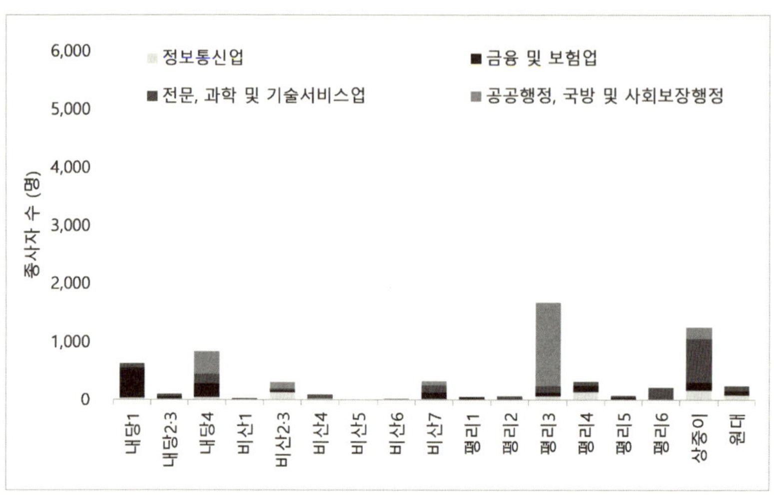

남구

남구는 산업 기반이 부족한 편으로, 대부분의 기능은 인접 지역 접근성을 통해 보완되고 있습니다. 도시 전반에서 보면 독자적인 고소득 일자리 중심지는 형성되지 않았습니다.

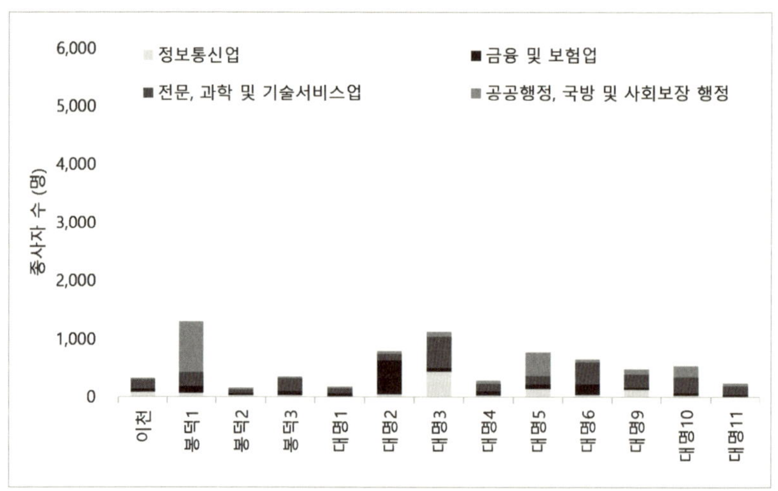

달성군

달성군은 논공·다사·유가·구지 일대를 중심으로 제조업 종사자 비중이 압도적으로 높게 나타나며, 성서공단과 연계된 제조업 일자리가 집중된 지역입니다.

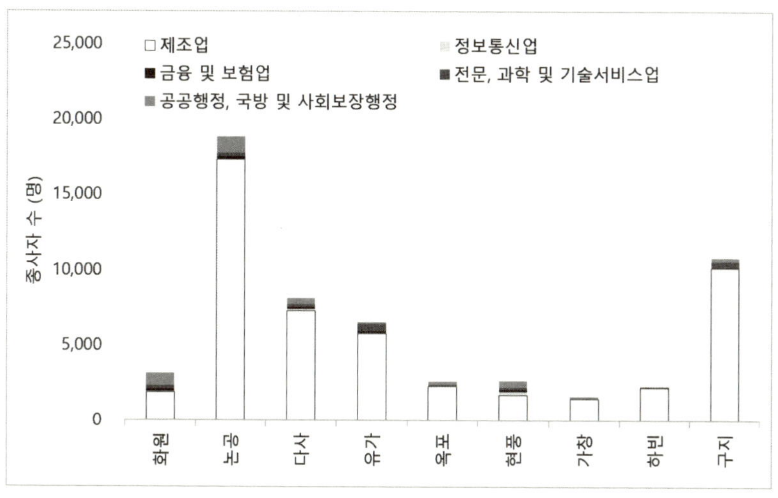

대구의 산업 구조는 고소득 서비스업과 제조업이 특정 거점에 집중되는 공간적 분화 구조를 보입니다.

수성구와 중구는 금융·행정·전문직 서비스업의 중심지, 달서구와 달성군은 제조업 기반의 핵심 축, 동구와 북구는 공공기관과 전문, 과학 및 기술서비스업의 결합축으로 기능하고 있습니다.

이러한 일자리 분포는 도시의 주거지 선택, 교통망 활용, 부동산 가격 형성에도 핵심적인 배경 변수로 작용하게 됩니다.

특히 고소득 일자리가 밀집된 지역은 시간이 지나면서 도시의 상징적 중심지이자 고급 주거지로 인식되는 경향이 강합니다. 산업과 고용이 집적된 곳은 자연스럽게 높은 생활 편의, 교육 자원, 교통 접근성을 확보하게 되고, 이러한 요인이 결합되면서 지역의 이미지와 위상, 나아가 계층적 상징성이 형성됩니다.

이렇게 만들어진 지역 이미지는 도시의 공간 위계를 고착화하고, 장기적으로 부동산 수요와 자산가치를 높이는 기반이 됩니다. 범어역·반월당역 일대가 대표적인 사례로, 고소득 일자리 밀집과 상징적·계층적 위상이 결합되어 오랜 기간 도시의 핵심 축으로 자리 잡아왔습니다.

따라서 고소득 일자리의 공간적 분포를 파악하는 일은 도시 이미지와 계층적 위상, 그리고 부동산 가치의 구조적 형성 과정을 이해하는 핵심 관점이라 할 수 있습니다.

고소득 일자리는 도시의 상징 이미지를 만들고, 주택 가격은 그 이미지를 따라 움직인다

임금 수준과
자산 축적의 괴리

통계상 제조업은 평균임금이 높은 산업으로 분류됩니다. 자동차, 반도체를 주력으로 관련 업종에서 일정 수준 이상의 임금을 지급하고 있으며, 특히 경기 호황기에는 타 산업 대비 더 많은 보상을 제공하기도 합니다. 그러나 높은 임금 수준이 곧바로 자산 축적이나 생활 안정으로 이어지지는 않습니다. 실제로 일정 기간 동안 높은 소득을 올린 근로자라도 자산을 충분히 형성하지 못하는 경우가 적지 않습니다. 본 절에서는 이러한 현상을 설명하는 구조적 요인들을 살펴보고자 합니다.

우선 제조업 종사자 다수는 성장 과정에서 상대적으로 충분한 교육 기회를 제공받지 못한 경우가 많습니다. 가정의 소득 여건이 넉넉지 않아 사교육, 대학 진학, 전문 직업 교육 등 고급 교육 자원을 접하기 어려웠습니다. 이러한 제약은 결국 직업 선택의 범위를 제한하며, 장기적으로 자산 형성 경로에서 불리한 출발점을 제공합니다. 교육 수준은 단순히 지식 습득의 문제가 아니라, 정보 접근성, 투자 판단력, 자산 관리 능력 등 다양한 영역에서 영향을 미치기 때문에 초기 조건의 격차는 시간이 지날수록 더욱 확대됩니다.

제조업은 근로 강도가 높고 노동 시간이 길다는 특징을 가집니다. 하루 12시간 이상 장시간 노동이 지속되는 경우도 드물지 않으며, 이러한 환경은 근로자가 퇴근 후 자기계발이나 투자 학습에 필요한 에너지를 확보하는 것을 어렵게 만듭니다. 결국 근로자는 생리적 회복에 집중할 수밖에 없고, 이는 장기적 역량 축적을 제한하는 요인으로 작용합니다.

이러한 상황은 단순히 개인적 성향이나 노력 부족으로 설명하기 어렵습니다. 경제학적으로 보자면, 노동 시간이 길어질수록 자기계발 기회의 기회비용이 과도하게 높아집니다. 즉, 여가와 학습, 사회적 네트워킹에 쓸 수 있는 시간이 극도로 제한되기 때문에 근로자는 투자 지식이나 새로운 기술 습득에서 뒤처질 수밖에 없습니다.

제조업 근로자들이 속한 집단적 문화 또한 자산 축적에 영향을 미칩니다. 비슷한 환경에 있는 동료들과 어울리며 형성되는 사회적 규범은 소비 중심적 성격을 띠기 쉽습니다. 회식, 음주, 유흥 등의 문화는 단기적 만족을 제공하지만 장기적 저축과 투자를 지연시키는 결과를 낳습니다.

행동경제학적 관점에서 보자면, 이는 현재편향과 밀접하게 관련됩니다. 즉, 미래의 자산 축적보다는 현재의 소비에서 얻는 만족을 중시하는 경향이 강화되는 것입니다. 더불어 동료 집단의 소비 패턴이 준거점 역할을 하면서, 개인의 소비 선택에도 직접적인 영향을 미치게 됩니다. 결국 높은 임금을 벌더라도 장기적 자산 축적보다는 단기적 소비로 이어지는 경향이 강화됩니다.

이와 같은 요인들이 중첩되면서, 제조업 근로자들은 초기 자본 축적이 늦어지는 경향을 보입니다. 소득이 일정 수준을 넘더라도 아파트와 같은 고액 자산 시장에 진입하기가 어렵습니다. 또한 교육 기회와 자기계발 부족은 금융 지식의 부족으로 이어지며, 이는 투자 기회의 포착을 더욱 어렵게 만듭니다. 결과적으로 '임금 고소득자'가 반드시 '자산 보유자'로 전환되지 못하는 현상이 나타납니다.

요약하자면, 제조업 일자리는 평균임금 수준만 놓고 보면 높은 경쟁력을 지닌 것처럼 보이지만, 실제로는 교육 기회 부족, 장시간 고강도 노동, 집단적 소비 문화, 금융 지식의 부족 등이 중첩되며 자산 축적의 한계를 드러냅니다. 따라서 제조업 일자리를 단순히 '양질의 일자리'로 분류하기는 어렵습니다.

> 임금이 높아도 교육 기회, 근무환경, 소비 패턴이 엇갈리면 고소득이 곧 자산가로 이어지지는 않는다.

인구감소 = 집값 하락?

한국의 부동산 시장을 논할 때 가장 흔히 등장하는 설명 가운데 하나는 '인구가 줄면 집값은 떨어진다'는 주장입니다. 겉으로 보기에는 인구 감소, 수요 감소, 가격 하락이라는 단순하고 직관적인 논리처럼 보이지만, 실제 데이터는 이 통념을 뒷받침하지 않습니다.

약 40년간의 대구 아파트 시장 데이터를 분석한 결과, 인구 증감률은 아파트 가격과 뚜렷한 상관관계를 보이지 않았습니다.

실제 통계 분석 결과, 인구수와 매매가지수의 상관계수(r)는 0.36, 결정계수(R^2)는 0.13으로 나타났습니다[그림 4-5]. 이는 지난 수십 년간 인구 자체가 가격에 의미 있는 충격을 줄 만큼 크게 늘지도 줄지도 않았기 때문이며, 통계적으로 유의하긴 하지만 설명력은 낮은 수준입니다. 이는 인구 변수가 주택 가격을 일부 설명할 수는 있어도, 핵심 요인으로 작용하기는 어렵다는 점을 보여줍니다. 따라서 '인구 감소 = 가

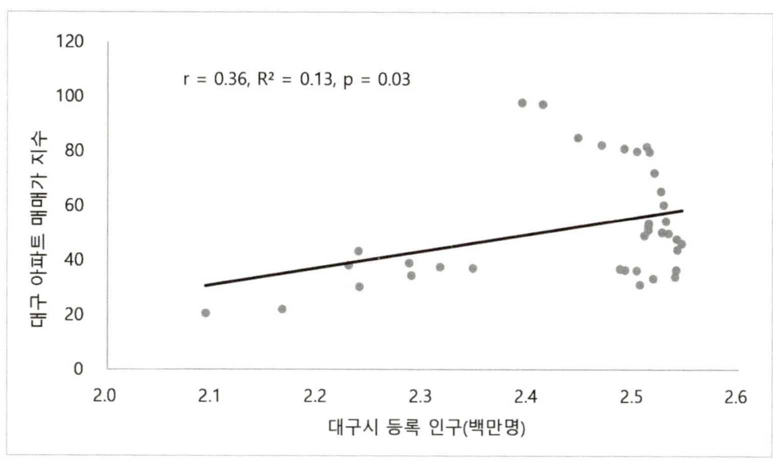

격 하락'이라는 단선적 공식은 현재의 도시 구조와 시장 환경에서는 더 이상 유효하지 않습니다.

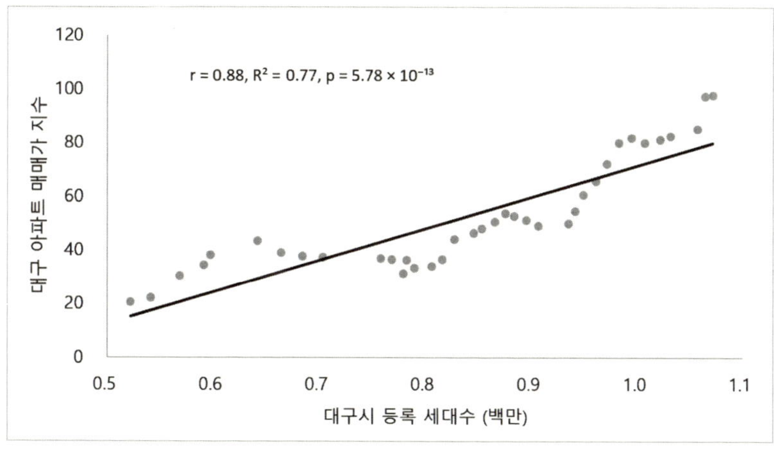

반면, 세대수(가구수)는 아파트 가격과 강한 상관성을 보였습니다. 상관계수(r)는 0.88, 결정계수(R^2)는 0.78로 매우 높은 수준이며, 통계적으로도 유의미한 결과를 보였습니다[그림 4-6].

이는 장기적으로 세대수 증가가 주택 수요를 실질적으로 견인하고, 가격 상승의 중요한 배경으로 작용함을 의미합니다.

이러한 세대수 증가는 가구 구조의 변화에서 비롯된 것입니다. 한국의 1가구당 평균 인원은 1990년대 약 3.5명 수준에서 2020년대 들어 2.2명 수준으로 급격히 감소했습니다. 인구가 정체되거나 감소하는 상황에서도 1~2인 가구가 증가하면서 세대수는 꾸준히 늘어났고, 이는 곧 주택 수요 확대를 이끌었습니다.

또 하나 주목해야 할 점은 물가(특히 건설 원가와 자산 가격)가 인구 감소보다 훨씬 빠르게 상승한다는 사실입니다. 인구는 장기적인 추세로 천천히 줄어들지만, 건설 자재비, 인건비, 토지가격, 금융비용 등은 단기간에도 급등할 수 있습니다.

즉, 인구 감소에 따른 수요 축소 효과는 공급 측의 비용 상승 요인에 의해 상당 부분 상쇄되거나 오히려 뒤집히기도 합니다. 이는 특히 대도시나 광역시에서 더욱 뚜렷하게 나타나는 현상입니다.

이제는 단순히 인구 증감률만으로 부동산 시장의 향방을 예측하는 것은 현실을 설명하기에 충분하지 않습니다. 인구 감소는 분명 잠재 수요 축소의 신호일 수 있지만, 그것만으로 가격 변동의 방향과 강도를 설명하기는 어렵습니다. 실제 시장에서는 세대 구조의 변화, 1인 가구 증가, 물가 상승과 같은 다층적 요인들이 주택 수요를 결정하고, 가격 형성의 균형을 재편하고 있기 때문입니다.

결국 부동산 시장의 중심에는 인구가 아니라 세대, 그리고 구조적 수요 전환이 있습니다. 이러한 구조를 읽어내는 것이야말로 향후 시장을 전망하고 전략을 세우는 데 있어 가장 중요한 출발점이라 할 수 있습니다.

> 주택시장을 움직이는 핵심은 인구 총량이 아니라 세대수와 가구 구조 변화다.
> 공사비 상승까지 고려하면 '인구 감소 = 가격 하락' 공식은 점점 힘을 잃고 있다.

한국 부동산
일본 따라간다?

최근에도 '한국 부동산은 일본 따라간다'는 주장이 자주 등장합니다. 그러나 데이터를 살펴보면 이러한 담론은 절반만 맞는 이야기일 가능성이 큽니다. 일본의 주택가격은 1990년대초 버블 붕괴 이후 장기간 침체를 겪었지만, 2010년을 기점으로 반등을 시작해 2024년 현재까지 꾸준한 상승세를 이어오고 있습니다[그림 4-7]. 단순히 '붕괴한다'는 서사는 당시 침체기만을 근거로 한 단선적 해석일 뿐입니다.

일본 부동산 버블은 경기 사이클만으로 설명하기 어려운, 제도적 허점과 정책 실패가 중첩된 결과였습니다. 당시 부동산 규제는 지나치게 느슨했습니다. 취득세는 평가액 기준 세율만 적용되고, 다주택자에 대한 중과세는 없었습니다. 반대로 양도세는 26~38%로 높아 오히려 매물을 잠그는 효과를 냈습니다. 대출 규제는 사실상 부재해 일부 은행은 LTV 200%까지 허용했습니다. 자본이 없어도 집값의 두 배까지 빌

[그림 4-7] 일본의 1인당 GDP & 명목주택가격지수

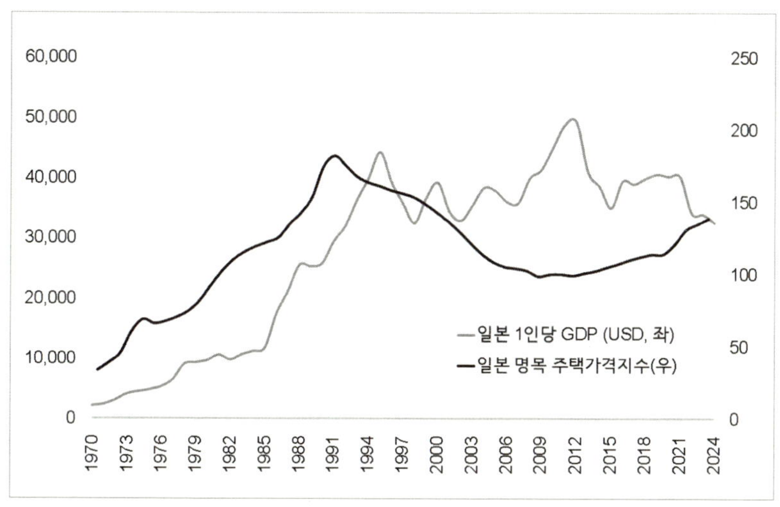

자료 출처: FRED

려 1채든 100채든 매수할 수 있는 환경이 조성됐고, '지금 안 사면 손해'라는 분위기가 확산하였습니다.

통화정책도 문제였습니다. 경기부양을 위해 금리를 낮추고 유동성을 공급하는 과정에서 자금이 부동산으로 집중 유입되는 것을 방치했습니다. 자산버블이 만들어내는 소비 증가를 오히려 경기 호조의 신호로 착각했던 셈입니다. 여기에 기존 주력산업에 대한 맹신도 문제였습니다. 당시 일본은 자동차, 전자, 조선, 철강, 화학 등에서 세계적 경쟁력을 자랑하고 있었기에 '추격당하지 않는다'는 안일한 인식이 팽배했고, 새로운 성장동력을 모색하려는 위기의식이 부족했습니다.

일본 정부가 자산버블의 심각성을 인식한 것은 1989년이었습니다.

그러나 대응은 늦었고, 동시에 너무 급격했습니다. 기준금리는 1년여 만에 2.5%에서 6%까지 치솟았고, LTV는 200%에서 70% 수준으로 급락했습니다. 단기간의 강력한 긴축으로 매수세가 증발하면서 집값은 폭락했습니다.

대출 상환 부담을 견디지 못한 차주가 급증했고, 연체 확대는 곧바로 은행 부실로 이어졌습니다. 담보자산 매각, 금융위기, 뱅크런, 실업률 증가, 경기침체로 이어지는 전형적인 붕괴의 연쇄 충격이 발생했습니다. 특히 당시 경제 주축이던 단카이 세대가 버블의 중심에 있었고, 이 세대의 몰락은 일본 사회 전체에 깊은 트라우마로 남았습니다. 이후 자녀 세대는 '부동산에 투자하지 말라'는 메시지를 물려받았고, 이 부정적 인식은 2000년대 후반까지 이어졌습니다. 다만 세대교체가 진행되면서 2010년 이후 주택가격은 다시 상승세로 전환되었습니다.

한국이 일본과 같은 경로를 그대로 밟을 가능성은 높지 않습니다. 무엇보다 제도적 환경이 다릅니다. 한국은 일본 당시처럼 규제가 느슨하지 않습니다. 이미 일본 버블과 글로벌 금융위기의 교훈을 반영해 LTV·DTI·DSR 등 정교한 대출 규제가 제도화되어 있습니다.

또한 유동성의 흐름이 분산되어 있다는 점도 차이입니다. 정부는 자금을 무차별적으로 부동산으로 흘러가게 두지 않고 반도체·2차전지·AI 등 신성장 산업으로 유도하고 있습니다.

마지막으로, 일본처럼 주력 경제 세대의 몰락 가능성도 상대적으로 낮습니다. 이러한 제도적·정책적 차이를 고려할 때, 일본식 부동산 붕괴 시나리오가 한국에서 그대로 재현될 가능성은 제한적입니다. 단순히 '한국은 일본을 따라간다'는 주장은 시장과 제도의 맥락을 무시한 피상적 해석에 불과합니다.

> 일본식 붕괴는 규제·금융·정책이 겹친 특수한 역사적 사건이다. 지금 한국의 제도 환경은 일본과 그대로 겹치지 않는다.

절박한 도시는
다시 일어선다

서대구산업단지 일대를 지나가다 보면, 산업 구조 전환의 필요성이 절실하게 느껴집니다. 노후화된 공장 지대와 텅 빈 부지는 도시 재생의 과제가 단순한 미관 개선이나 기반시설 정비의 차원을 넘어선 문제임을 분명히 보여줍니다. 도시 재생은 물리적 공간의 개편을 넘어 산업 구조, 사회적 인식, 그리고 지역 거버넌스의 변화를 수반할 때 비로소 실질적인 효과를 거둘 수 있습니다.

이러한 맥락에서, 과거 산업 쇠퇴의 위기를 겪고 이를 성공적으로 극복한 해외 도시의 경험은 중요한 시사점을 제공합니다. 그 대표적 사례가 바로 미국의 피츠버그입니다.

1980년대 피츠버그는 철강 산업을 기반으로 성장해 온 전형적인 산업도시였습니다. 그러나 글로벌 경쟁 심화와 산업 구조의 변화로 철강 산업이 급속도로 쇠퇴하면서 도시 전체가 심각한 위기에 직면하게 되었습니다. 공장은 문을 닫았고, 고용은 붕괴하였으며, 도시의 기능 자체가 흔들리는 상황이 전개되었습니다. 당시 피츠버그는 이른바 '러스트 벨트'로 불리며 쇠락한 산업도시의 상징으로 여겨졌습니다.

그러나 이러한 절망적 상황은 오히려 도시 전환의 출발점이 되었습니다. 피츠버그의 재도약은 단순한 정부 주도의 일방적 정책이 아니라, 시민 사회의 인식 변화에서 비롯된 것이었습니다. 기존의 산업 구조로는 생존할 수 없다는 공감대가 확산하면서 정치권, 산업계, 학계가 유기적으로 결합하는 새로운 도시 전략이 마련되었습니다.

피츠버그의 핵심 전략은 산업 구조의 고도화와 혁신 생태계의 구축이었습니다. 도시의 경제 중심축은 철강에서 로봇, 인공지능, 바이오, 의료 등 고부가가치 산업으로 전환되었습니다. 특히 카네기멜론 대학교와 같은 고등교육기관은 혁신의 허브로서 중요한 역할을 수행했습니다. 과거 공장 부지들은 스타트업 캠퍼스, 연구소, 첨단 산업단지로

재편되었으며, 글로벌 기업들이 연구개발 거점을 설치하면서 도시의 경쟁력이 점차 강화되었습니다.

산업 전환은 도시 공간 구조와 부동산 시장에도 직접적인 영향을 미쳤습니다. 쇠퇴한 공장지대는 새로운 산업 클러스터로 변모하였고, 산업 부흥과 함께 주거 및 상업 부동산에 대한 수요 역시 증가하였습니다. 피츠버그의 사례는 도시 재생의 본질이 산업 구조의 전환과 시민 인식 변화의 결합이라는 점을 명확히 보여줍니다.

대구의 산업 구조는 여전히 저부가가치 제조업 중심에 머물러 있으며, 산업 전환의 필요성이 점차 가시화되고 있습니다. 서대구산업단지와 3공단은 한때 지역 경제의 핵심이었으나 현재는 노후화와 공실 증가로 쇠퇴 국면에 접어든 상황입니다. 그러나 이러한 쇠퇴는 곧 전환의 가능성을 의미하기도 합니다. 산업 기반이 재편될 여지가 크고, 새로운 성장축을 형성할 수 있는 도시 여건이 충분히 존재하기 때문입니다.

또한 최근 몇 년간 유권자 인식에서도 뚜렷한 변화가 나타나고 있습니다. 과거처럼 특정 정치 세력에 대한 일방적 지지보다는, 실질적인 지역 발전에 기여할 수 있는 선택을 중시하는 경향이 강화되고 있습니다. 이러한 시민 의식의 변화는 산업 전환을 가능하게 하는 사회적 기반이 됩니다. 결국 도시의 변화는 제도나 정책만으로 이루어지는 것이 아니라, 시민의 의식과 행동 변화에서 비롯되는 경우가 많습니다.

1980년대 피츠버그는 철강 산업의 몰락으로 도시 존립 자체가 흔들리는 위기에 처했지만, 절박함을 전환의 동력으로 삼아 첨단 산업도시로 거듭났습니다. 지금의 대구는 당시 피츠버그와 유사한 지점에 서 있습니다. 산업 기반이 약화되고 성장 모멘텀이 떨어지는 상황이지만, 바로 이러한 절박함이 도시를 다시 변화시키는 힘이 될 수 있습니다.

특정 국가, 혹은 특정 도시의 경제를 예측하는 것은 사실상 불가능에 가깝습니다. 거시경제 변수는 금리, 통화량, 수출입, 기술 변화, 지정학적 리스크 등 수많은 요인이 얽혀 있어 그 방향과 크기를 정밀하게 예측할 수 없습니다. 하지만 한 가지 분명한 점이 있습니다. 절박한 도시는 살아남기 위해 반드시 변한다는 것입니다.

피츠버그뿐만 아니라, 역사 속 많은 도시가 위기의 순간에 '생존 본능'을 발휘하며 산업 구조를 전환하고 새로운 성장 경로를 개척해 왔습니다. 이러한 흐름은 특정 국가나 시대에 국한된 현상이 아니라, 도시가 생존을 위해 반복해 온 보편적인 패턴이라 할 수 있습니다.

대구 역시 예외가 아닙니다. 산업 기반의 약화는 분명한 위기이지만, 동시에 방향 전환의 기회이기도 합니다. 도시의 생존 본능은 정치·산업·학계와 시민 사회의 변화를 촉발하고, 이러한 움직임이 축적되면 전환의 흐름이 만들어집니다. 피츠버그가 그랬던 것처럼, 대구 또한 새로운 산업 구조를 축으로 도시의 지도를 다시 그릴 수 있는 잠재력을 가지고 있습니다. 이는 단순한 낙관이 아니라, 역사 속 수많은 도시들이 걸어온 경로를 근거로 한 합리적 확신에 가깝습니다.

도시는 결국 시민의 생각만큼 성장합니다. 절박함은 쇠퇴의 신호가 아니라 전환의 출발점입니다. 위기는 불확실하지만, 생존의 본능은 도시를 움직입니다.

> 산업 쇠퇴로 벼랑 끝에 섰던 도시들도, 피츠버그처럼 절박함을 동력으로 삼아 구조를 갈아엎으며 다시 성장하는 길을 선택한다.

투자자의 시각에서 본 전략 결론

대구 아파트 시장, 인식의 온도는 생각보다 낮지 않다

2025년 9월 현재, '대구 아파트'라는 검색어를 입력하면 '하락'이라는 단어가 가장 많이 등장합니다. 언론 보도와 부동산 지표만을 본다면 마치 대구의 주택 가격이 끝없이 떨어지고 있는 것처럼 보이며, 상승 전환의 가능성은 전혀 없어 보일 수도 있습니다. 실제로 많은 투자자와 실수요자들 사이에서도 '이제는 집을 살 사람이 없다'는 식의 비관론이 적지 않게 퍼져 있습니다.

그러나 통계 자료를 조금 더 면밀히 살펴보면, 이러한 비관적 전망이 반드시 시장의 실질적 인식과 일치하는 것은 아닙니다. 아래는 통계청에서 발표한 2021년과 2023년 대구 시민들의 주거의식 조사 결과입니다[그림 5-1 ~ 5-4].

아파트 가격이 폭등했던 2021년, '집을 반드시 소유해야 한다'고 응답한 비율은 81.2%였습니다. 이 시기에는 소유 욕구가 높게 나타나는

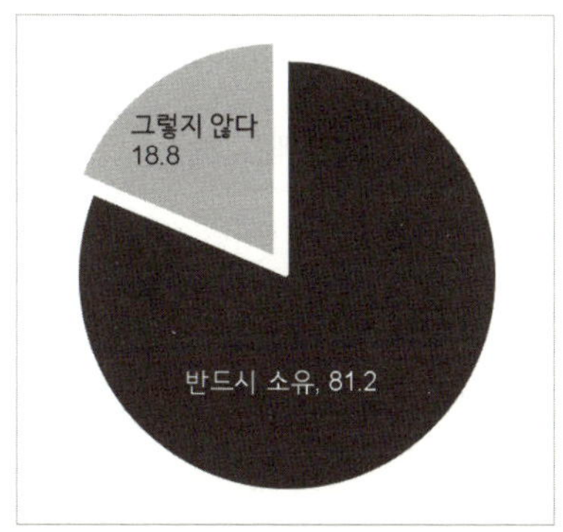

[그림 5-1] 집에 대한 인식(21년)

[그림 5-2] 집에 대한 인식(23년)

[그림 5-3] 집을 소유해야 하는 이유(21년)

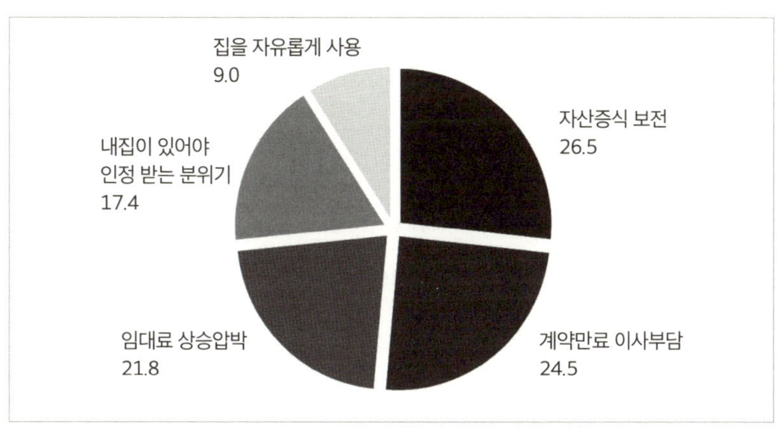

[그림 5-4] 집을 소유해야 하는 이유(23년)

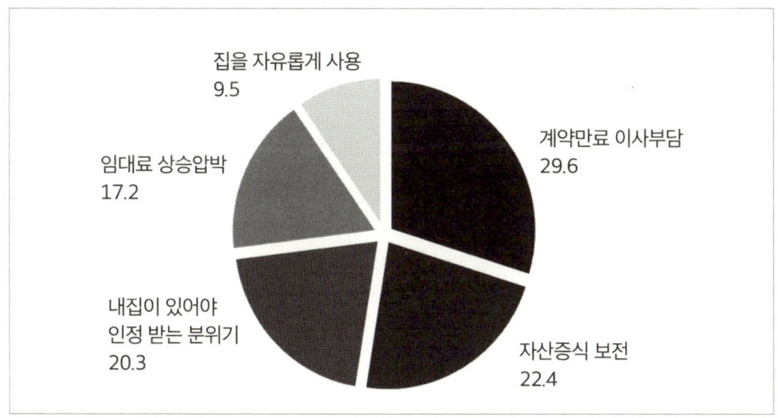

것이 자연스러운 결과라고 볼 수 있습니다. 하지만 주목할 점은, 아파트 가격이 크게 하락했던 2023년에도 '집을 반드시 소유해야 한다'는 응답이 77.7%에 달했다는 사실입니다. 가격 조정기에도 주거 소유에 대한 인식은 크게 흔들리지 않았다는 점에서 중요한 함의를 가집니다.

2023년 조사에서 '집을 소유해야 한다'고 응답한 가장 큰 이유는 계약 만료에 따른 이사 부담(29.6%)이었습니다. 이는 주거 안정성이 가구의 의사결정에 얼마나 중요한 요소로 작용하는지를 잘 보여줍니다. 예를 들어, 전월세 가격이 상승하는 상황에서 외곽 지역으로 밀려날 수 있다는 불안감은 단순한 경제적 부담을 넘어, 삶의 질 전반에 영향을 미칩니다.

출퇴근 거리가 늘어나고 여가 시간이 줄어드는 문제, 자녀가 학교를 옮겨야 할 때 발생하는 심리적 불안감 등은 많은 가구가 임차보다 자가를 선호하게 만드는 실질적 요인입니다. 특히 학령기 자녀를 둔 가구일수록 이러한 불안 요인은 더욱 크게 작용합니다.

2위 응답은 자산 증식 및 보전(22.4%)이었습니다. 이는 집값이 크게 하락했던 시기에도 여전히 많은 대구 시민들이 부동산을 '가치가 회복될 자산'으로 인식하고 있었음을 의미합니다. 자산에 대한 신뢰가 완전히 무너졌다면 이러한 응답 비율은 크게 낮아졌을 것입니다. 즉, 가격이 하락하더라도 주택 소유에 대한 신뢰는 일정 수준 유지되고 있는 것입니다.

3위는 '내 집이 있어야 인정받는 분위기(20.3%)'였습니다. 앞서 〈사람들은 집이 아니라 계층을 산다〉 글에서 언급했듯이, 주택은 단순한 거주 공간을 넘어 사회적 지위와 계층을 상징하는 신호로 작용합니다. 이러한 인식은 단기간의 가격 등락으로 쉽게 사라지지 않으며, 한국 사회에서 주택이 가지는 상징적 의미의 강고함을 보여줍니다.

요약하자면, 시장 가격의 조정 국면에도 불구하고 대구 시민들의 주거 소유 인식은 크게 약화하지 않았습니다. 가격의 등락과 인식의 온도는 일치하지 않습니다. 이는 향후 시장 반등 국면에서 수요 회복의 잠재력이 여전히 존재함을 시사하는 대목입니다.

> 가격 하락기에도 대구 시민들은 여전히 집의 상징성을 강하게 붙잡고 있다. 주거 불안 심리와 계층 신호가 단단한 바닥을 만든다.

대구 아파트 시장의 수요·공급 구조 진단

최근 대구 아파트 시장은 흥미로운 흐름을 보이고 있습니다. 거래량은 점진적으로 증가하고 전세 매물은 줄고 있지만, 매매가격은 뚜렷한 상승세로 이어지지 않고 있습니다. 변화의 조짐은 확인되지만, 본격적인 반등은 지연되고 있는 상황입니다. 본 절에서는 이러한 현상을 수요와 공급 구조의 기본 원리에 따라 살펴보도록 하겠습니다.

대체재(전세) 가격 변화

2022년 이후 전세가격이 하락하자 임대인들은 전세 공급을 줄였습니다. 실제로는 역전세로 인해 재임대를 포기하거나, 일부 매물을 투매한 경우가 대표적입니다. 이러한 변화는 경제학적으로는 공급 곡선의 좌측 이동으로 해석될 수 있으며, 전세 매물 감소는 다시 전세가격 반등 압력으로 이어졌습니다.

실제 데이터로도 이러한 흐름은 뚜렷하게 확인됩니다. 대구 아파트 전세 매물은 2023년초 1만 2천 건을 넘기도 했으나, 이후 점차 줄어들어 2025년 9월에는 4천 건 수준까지 감소했습니다[그림 5-5]. 전세 재고가 줄자 가격 하락세도 멈추고, 2025년 들어서는 등락률이 점차 회복세를 보이며 반등 조짐을 나타내고 있습니다[그림 5-6].

이 과정은 아직 매매시장으로 수요가 전이되었다고 보기는 어렵습니다. 다만 전세시장 불균형이 심화할수록, 임차인 일부가 매매시장으로 이동하려는 압력이 커질 수 있습니다. 결국 전세시장의 축소는 매매시장 회복의 전초 단계로 작용할 가능성이 높으며, 향후 가격 반등의 중요한 단서가 될 수 있습니다.

[그림 5-5] 대구 아파트 전세매물 추이

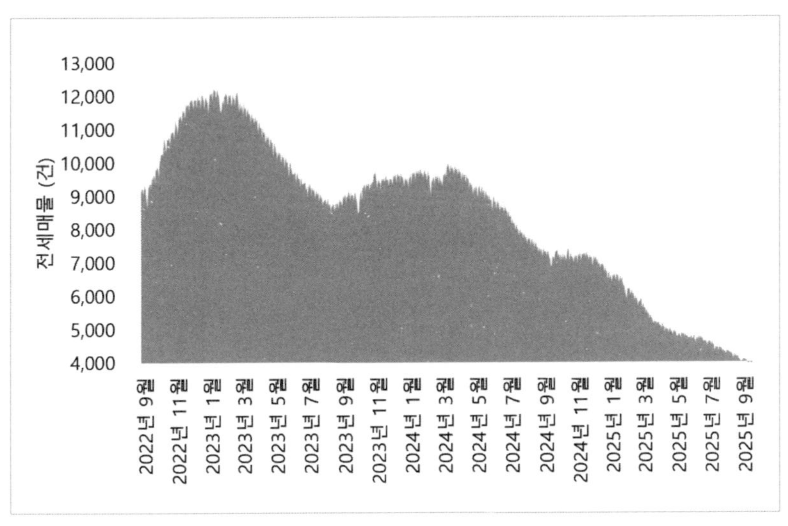

자료 출처: 아실

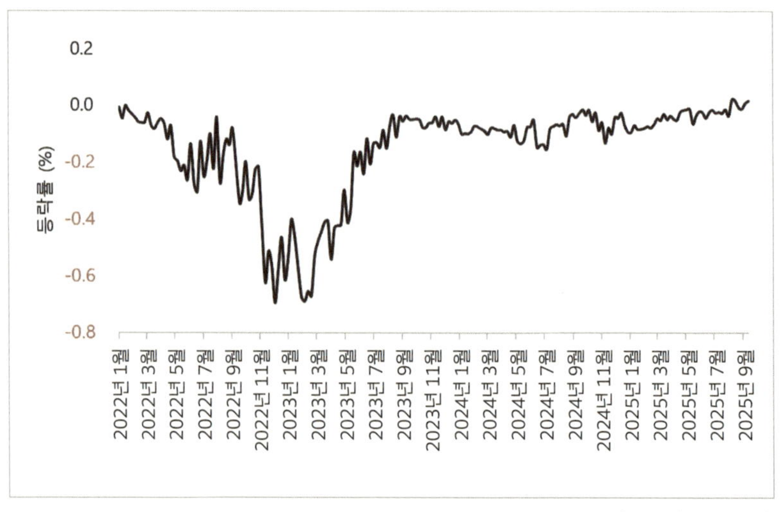

자료 출처: KB 부동산

소비자 선호의 집중

아파트에 대한 소비자 선호는 가격 조정기를 거치면서 더욱 집중되는 양상을 보이고 있습니다. 실수요자들의 선택이 아파트로 수렴하면서, 이는 구조적 수요를 안정적으로 유지하는 핵심 요인으로 작용하고 있습니다.

실제 거래 통계를 보더라도 이러한 흐름이 확인됩니다. 2022년 이후 대구 주택 거래에서 비아파트 거래량은 뚜렷한 감소세를 보인 반면, 아파트 거래량은 변동 속에서도 일정 수준을 유지하거나 2023년 이후에는 뚜렷한 반등 구간을 나타냈습니다[그림 5-7]. 이러한 차이는 소비자 선호가 단순히 주거 유형 전체로 확산하는 것이 아니라 아파트라는 특정 주거 형태로 집중되고 있음을 보여줍니다. 특히 가격 변동기에도 아파트 수요가 유지된다는 점은 향후 시장의 구조적 안정성을 뒷받침하는 근거로 해석할 수 있습니다.

[그림 5-7] 대구 주택 거래현황

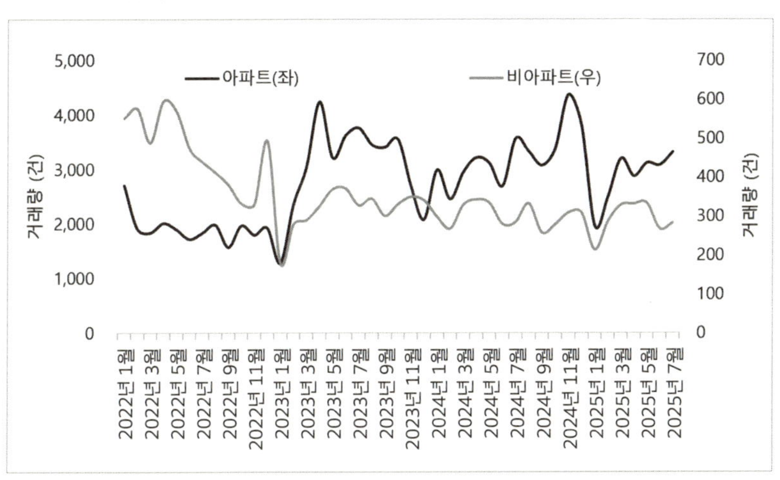

자료 출처: 한국부동산원

미래 기대심리의 회복

한국은행의 '주택가격전망 CSI'는 소비자들이 향후 주택가격이 어떻게 변할지를 묻고, 이를 지수화한 것입니다. 이때 지수가 100을 넘으면 '오를 것이다'는 응답이 '내릴 것이다'는 응답보다 많다는 뜻이고, 100 미만이면 그 반대입니다.

2025년 4월 이후부터는 이 지수가 100을 상회하며, 시장에서 가격 상승을 예상하는 응답자가 더 많아졌습니다[그림 5-8]. 비록 7월 들어

소폭 둔화되었으나, 장기적으로 보았을 때 시장 기대심리는 회복 국면에 진입한 것으로 평가할 수 있습니다.

[그림 5-8] 대구·경북 주택가격전망 CSI 추이

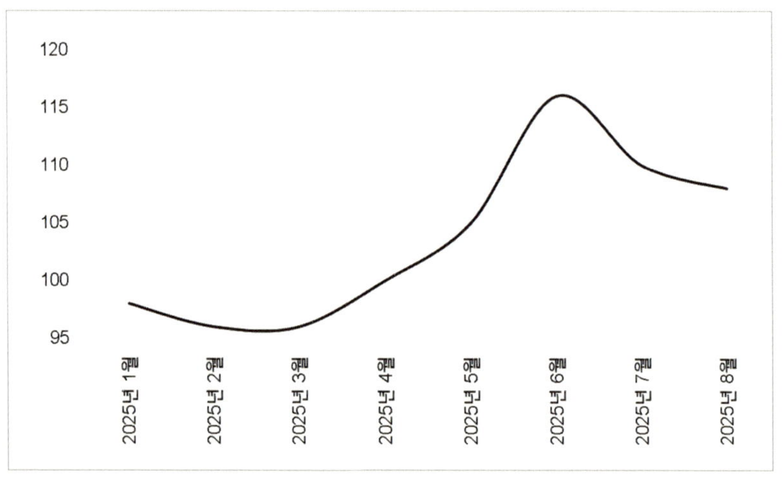

자료 출처: 한국은행

가격 하락에 따른 공급 위축

부동산 시장에서 공급자는 기대 수익이 낮아지면 자연스럽게 생산을 줄이게 됩니다. 대구의 경우 최근 몇 년간 아파트 가격이 하락세를 보이면서 분양 리스크가 커졌고, 건설사 입장에서는 신규 착공에 대한 유인이 크게 약화되었습니다.

실제로 주택건설 인허가 실적을 보면, 2021~2022년 정점 이후 급격히 감소하는 흐름을 확인할 수 있습니다. 과거에는 연간 수만 세대 단위로 공급 계획이 추진되었으나, 현재는 수천 세대 수준에 그치고 있습니다. 이는 수익성 악화로 인해 공급 기반 자체가 위축된 결과라 할 수 있습니다[그림 5-9].

공급이 줄어들면 단기적으로는 미분양 해소 속도가 빨라지고, 중장기적으로는 시장의 회복세를 뒷받침하는 요소로 작용합니다. 특히 대구처럼 과거 공급 과잉으로 가격 하락을 겪었던 지역에서는, 신규 공급의 급감이 향후 가격 반등의 발판이 될 가능성이 높습니다. 다시 말해, 지금의 공급 위축은 단순한 침체가 아니라 미래 회복 국면을 준비하는 조정 과정이라고 볼 수 있습니다.

[그림 5-9] 대구 주택 건설 인허가 실적

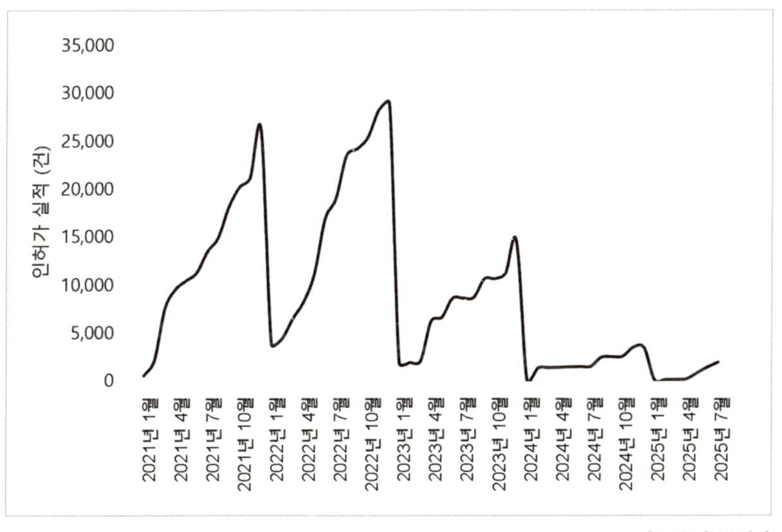

자료 출처: 통계청

생산요소 가격 상승

주택 공급은 수익성이 담보되지 않으면 추진되기 어렵습니다. 특히 최근 몇 년간 아파트 가격이 정체된 상황에서, 건설 원가의 지속적 상승은 신규 사업의 가장 큰 걸림돌이 되고 있습니다.

실제 통계로 보면, 주거용 건물 건설공사비 지수는 2000년대 초반 50 수준에서 2025년 현재 130을 넘어섰습니다. 20여 년 동안 꾸준히 상승세를 이어왔으며, 특히 2020년 이후에는 원자재 가격 급등과 인건비 상승이 겹치면서 가파른 오름세를 기록했습니다[그림 5-10].

공사비가 높아질수록 분양가는 필연적으로 상승할 수밖에 없는데, 문제는 시장 수요가 이를 감당하지 못하는 경우입니다. 이때 건설사는 착공을 미루거나 사업을 축소하게 되고, 이는 곧바로 공급 축소로 이

[그림 5-10] 주거용 건물 건설 공사비 지수

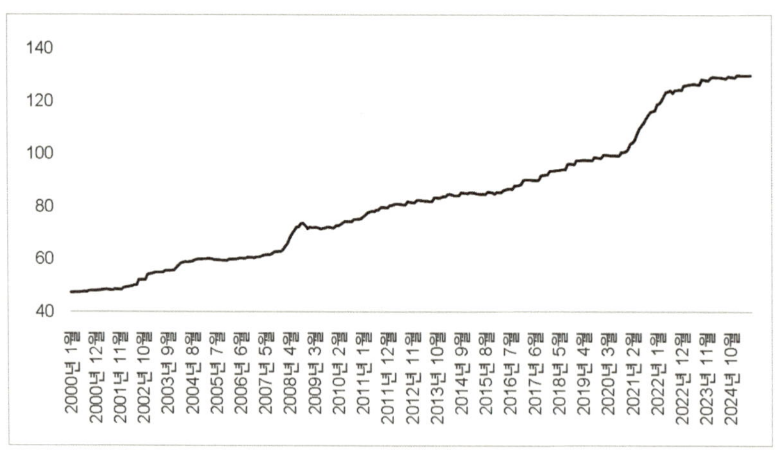

자료 출처: 통계청

어집니다.

결국, 현재 대구의 신규 아파트 공급이 둔화한 배경에는 구조적으로 상승한 건설비용이 자리하고 있습니다. 이는 중장기적으로 가격 반등 압력을 높이는 핵심 요인이라 할 수 있습니다.

건설 생산성의 정체

주택 공급을 늘리기 위해서는 단순히 자본과 인력을 투입하는 것만으로는 한계가 있습니다. 생산성 향상이 뒤따라야 동일한 비용과 자원으로 더 많은 주택을 공급할 수 있기 때문입니다. 그러나 한국 건설 산업은 지난 수십 년간 생산성 측면에서 정체 상태에 머물러 왔습니다.

총자본투자효율 추이를 살펴보면, 1980~1990년대 초반까지만 해도 20% 이상의 높은 수준을 유지했으나, 1997년 외환위기를 기점으로 급락한 뒤 회복세는 제한적이었습니다. 이후에도 효율성은 10~15% 사이에서 등락하며 뚜렷한 개선을 보이지 못했습니다. 이는 공법 혁신의 부재, 기술자의 고령화, 숙련 인력의 이탈이라는 구조적 문제가 누적된 결과라 할 수 있습니다[그림 5-11].

생산성이 정체되면, 공사비 상승 압력이 그대로 사업비 부담으로 전가됩니다. 결국 건설사는 리스크가 큰 신규 사업을 기피하게 되고, 이는 공급 확대를 제한하는 요인으로 작용합니다.

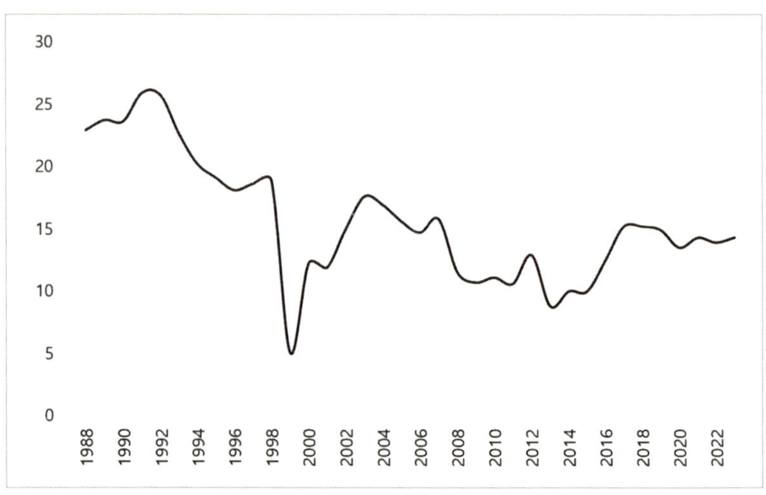

자료 출처: 통계청

정부 정책의 영향

노란봉투법, 산재예방법 강화 등 최근 입법 환경은 기업의 비용 부담을 높이고 있으며, 건설업계의 공급 여력은 점차 위축될 수밖에 없습니다. 앞서 살펴본 수요와 공급의 흐름은 대구 아파트 시장의 현재 국면을 입체적으로 보여줍니다.

대구 시장 종합 진단

먼저 수요 측면에서는 전세시장의 축소와 가격 반등 조짐이 확인됩니다. 아직 매매시장으로의 본격적인 전이는 나타나지 않았지만, 전세 매물 감소와 전세가 회복은 매매수요로 이어질 가능성을 높이고 있습니다. 또한 소비자 선호가 아파트에 집중되는 구조와 주택가격 전망 심리의 회복은, 시장 수요가 쉽게 무너지지 않고 유지될 수 있음을 보여줍니다.

반면 공급 측면에서는 가격 하락으로 인한 사업성 저하, 건설비용 상승, 생산성 정체, 정책 부담 등 여러 요인이 겹치면서 신규 공급이 빠른 속도로 위축되고 있습니다. 이는 단기적으로는 미분양 해소를 앞당기고, 중장기적으로는 수급 불균형을 심화시켜 가격 회복의 기반으로 작용할 수 있습니다.

따라서 2025년 9월 현재 대구 아파트 시장은 '변화의 전조는 분명히 나타나지만, 아직 본격적인 반등은 시작되지 않은 단계'라고 진단할 수 있습니다. 수요의 잠재적 전이와 공급의 구조적 제약이 동시에 누적되면서, 향후 시장이 반등할 가능성은 점차 높아지고 있습니다.

> 대구 아파트 시장은 전세 회복과 아파트 선호 강화로 수요가 바닥에서 되살아나는 반면, 공사비 상승과 사업성 악화로 공급은 빠르게 위축되는 '수요 회복·공급 축소'의 전형적 전환 구간에 들어섰다.

실거주 겸 투자 VS
실거주, 투자 분리 전략

부동산 투자에서 실거주 겸 투자전략은 많은 투자자들이 선호하는 방식 가운데 하나입니다. 동일한 주거 공간을 통해 거주 안정성과 자산 증식을 동시에 추구할 수 있다는 점에서, 이론적으로는 매우 효율적인 자산 운용 방식으로 평가받습니다. 그러나 실제 실행 단계에 들어서면 심리적 요인, 생활 환경 요건, 시장 불확실성 등 다양한 제약 요인이 중첩되면서 전략의 복잡도가 급격히 높아지게 됩니다. 이러한 이유로 많은 투자자들이 전략을 인식하고 있음에도 불구하고 실제 실행에는 어려움을 겪는 경우가 많습니다.

가장 먼저 주목할 점은 시장 타이밍 전략의 구조적 한계입니다. 실거주 겸 투자전략에서 많은 투자자들이 기대하는 시나리오는 '고점에서 매도하고 저점에서 재매수'하는 방식입니다. 이론적으로는 매우 효율적으로 보이지만, 실제 현실에서는 손실회피 편향으로 인해 고점에

2025장

서 매도 자체가 쉽지 않으며, 설령 매도에 성공하더라도 다시 고점 구간에서 재매수하는 경우가 빈번하게 나타납니다.

저점 매수가 어려운 이유는 단순히 시장의 예측 불가능성 때문만은 아닙니다. 그보다 더 근본적인 원인은 투자자 개인의 심리적 요인에 있습니다. 실거주를 통해 충족되었던 '안전 욕구'가 임차 상태로 전환되는 순간 불안감으로 대체되기 시작합니다. 이러한 불안감은 시간이 지날수록 누적되어 투자자의 인내력과 판단력을 약화하며, 결과적으로 객관적 저점 판단보다는 심리적 압박을 해소하기 위한 시점에 재매수로 이어지는 경우가 많습니다. 이는 시장 타이밍 전략의 합리성을 흔드는 대표적 심리 메커니즘이라 할 수 있습니다.

실거주 겸 투자전략은 실제 실행 과정에서는 선택의 제약이 크게 발생합니다. 실거주 목적이 결합하면 투자자는 단순히 수익률이나 자산 가치만을 기준으로 판단할 수 없게 됩니다. 거주지의 위치, 교육 환경, 생활 편의 시설, 직주근접성 등 다양한 생활 요인이 동시에 고려되어야 하기 때문입니다. 이러한 조건을 충족할 수 있는 지역은 제한적일 수밖에 없으며, 실제로 투자 대상의 선택 폭은 급격히 줄어듭니다. 이에 따라 투자 판단의 유연성이 떨어지고, 시장 전환기에 신속하게 대응할 기회 또한 제한됩니다.

실거주 겸 투자전략에서는 매도 과정에서 소유효과의 영향이 강하게 작용합니다. 소유효과란 개인이 자신의 자산을 객관적 시장가치보다 주관적으로 과대평가하는 경향을 의미하며, 이는 투자 의사결정의 비합리성을 유발하는 대표적 심리 요인 중 하나입니다. 특히 실거주 자산은 단순한 재무적 자산이 아니라 정서적·생활적 요소가 결합된 공간이기 때문에, 이러한 효과가 더욱 강화되는 경향을 보입니다.

이에 따라 투자자는 시장 하락기에도 가격 조정에 대한 수용성이 낮아지고, '이 정도 가격은 받아야 한다'와 같은 주관적 기준을 고수함으로써 합리적인 매도 시점을 놓치는 경우가 빈번하게 발생합니다. 이는 자산의 객관적 평가와 주관적 평가 간 괴리를 확대하며, 결과적으로 시장 대응의 지연과 손실 확대라는 구조적 리스크로 이어집니다. 실거주 겸 투자전략일수록 이러한 심리적 편향이 강하게 작용하기 때문에, 매도 의사결정의 유연성이 제한되는 근본적 한계를 내포하게 됩니다.

반대로 실거주와 투자를 분리할 경우, 거주지 선택의 제약이 줄어들고 투자 범위가 넓어지며 시장 변화에 보다 유연하게 대응할 수 있습니다. 실거주와 투자 자산이 분리되어 있으면 투자 타이밍에 대한 압박이 낮아지고, 수익률 중심의 합리적인 판단이 가능해집니다.

거주지를 안정적으로 유지한 상태에서 저평가 지역의 저평가 단지를 매수할 수 있다면, 굳이 매도와 매수를 동시에 진행할 필요가 없어 자금 운용의 폭이 넓어지고 타이밍 전략에서도 보다 신축적인 대응이 가능합니다. 이러한 구조는 투자자의 심리적 부담을 완화하고 시장 전환기에 기민하게 대응할 수 있는 기반이 됩니다.

실거주 겸 투자전략은 시장의 불확실성, 심리적 제약, 생활 만족도라는 다층적인 요인이 얽히면서 높은 실행 리스크를 수반합니다. 반면 실거주와 투자를 분리하면 투자 대상의 선택 폭이 넓어지고, 자금 운용과 타이밍 결정에서 훨씬 더 유리한 위치를 점할 수 있습니다.

이러한 전략적 유연성은 투자 성공 확률을 높이는 핵심 요인 가운데 하나로 작용할 수 있습니다. 실거주라는 심리적 제약에서 벗어나면 투자 판단의 객관성과 속도, 그리고 포트폴리오 운영의 자유도가 향상되기 때문입니다. 특히 시장 전환기나 불확실성이 큰 시기일수록 이러한 전략의 효과는 더욱 뚜렷하게 나타납니다.

> 실거주와 투자를 한 채로 묶으면 심리가 흔들리지만, 분리하면 훨씬 유연하고 정교한 의사결정이 가능해진다.

매수심리 패턴으로 본 지역별 투자전략

부동산 시장에서 매수우위지수는 단순한 수치 이상입니다. 이 지표는 시장 참여자들의 기대, 불안, 확신과 같은 심리의 집단적 반응을 데이터로 표현한 것입니다. 특히 장기간(2003년 7월 ~ 2025년) 데이터를 히스토그램 형태로 분석하면, 특정 지역 시장이 어떤 심리 구간에서 가장 오래 머물렀는지, 즉 시장의 체질과 가격 반응성, 회복 탄성력을 파악할 수 있습니다. 본 절에서는 KB부동산 매수우위지수를 기반으로 전국 주요 16개 지역의 장기 심리 패턴을 비교·분석하여, 각 지역 시장의 구조적 성격과 투자 전략적 시사점을 도출하고자 합니다.

핵심 시장의 안정적 심리 구조, 서울·부산

서울과 부산은 전반적으로 매수심리가 안정적인 분포를 보입니다 [그림 5-12, 5-13].

특히 서울은 매수심리 약세 구간과 강세 구간이 균형을 이루며 극단적인 치우침이 적고, 시장의 평균 회귀 성향이 뚜렷하게 나타납니다. 이는 시장 참여자들의 기대 심리가 비교적 안정적으로 작동하고 있음

[그림 5-12] 매수심리 분포(서울)

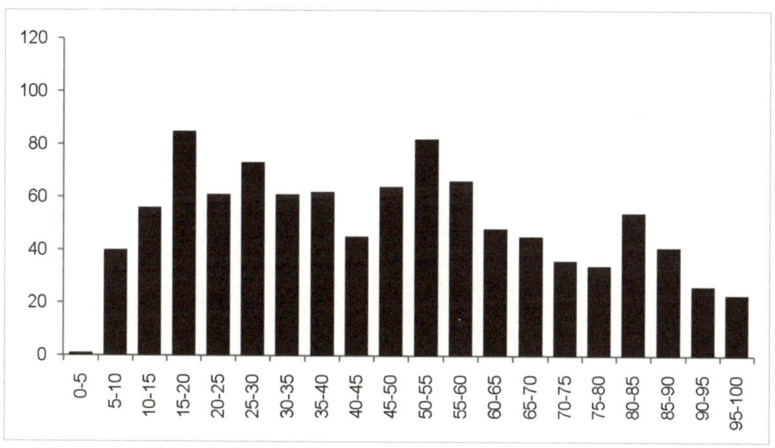

[그림 5-13] 매수심리 분포(부산)

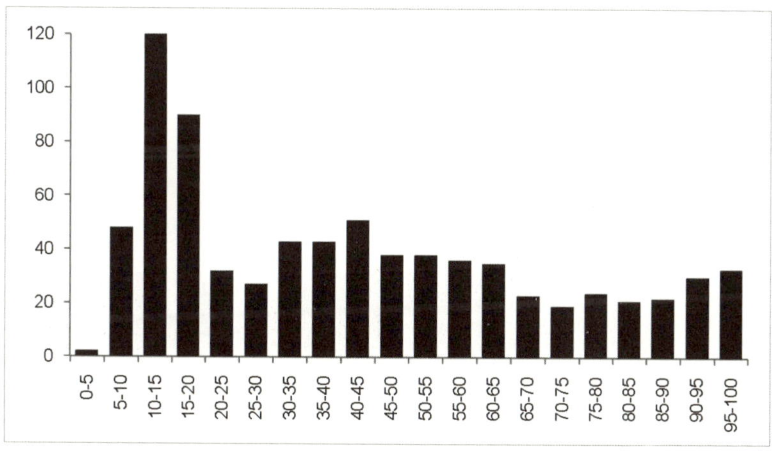

을 시사합니다. 다만 부산의 경우 특정 시점에서 공급 충격의 영향으로 매수심리 약세 구간이 뚜렷하게 형성되어 있습니다[그림 5-13]. 안정적 분포 속에서도 이러한 구간이 존재한다는 점은 시장이 구조적 요인에 따라 민감하게 반응할 수 있음을 보여줍니다.

변동성이 큰 롤러코스터형 시장, 대구·대전

대구와 대전은 모두 매수심리의 진폭이 크고 변동성이 높은 전형적인 롤러코스터형 시장입니다[그림 5-14, 5-15]. 약세 구간에서 급격히 강세 구간으로 전환되는 흐름이 반복되며, 시장 국면의 변화가 다른 지역에 비해 빠르고 극단적으로 나타납니다.

다만 세부적으로는 차이가 있습니다. 대구는 매수심리가 급락과 급등을 반복하면서 국면 전환이 비교적 명확하게 드러나는 반면[그림

[그림 5-14] 매수심리 분포(대구)

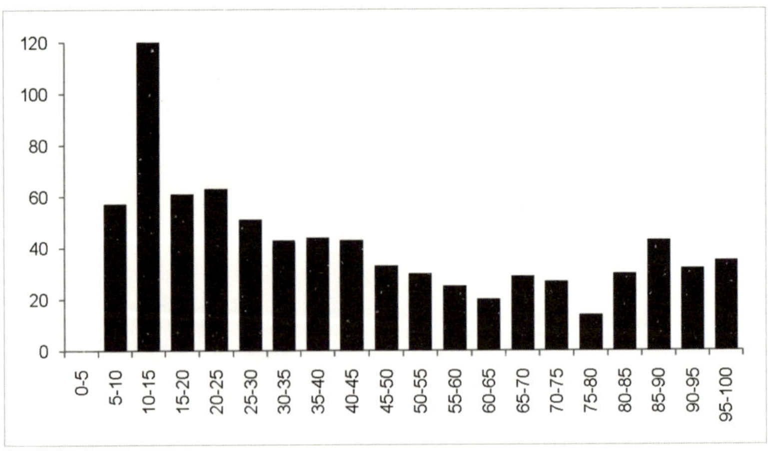

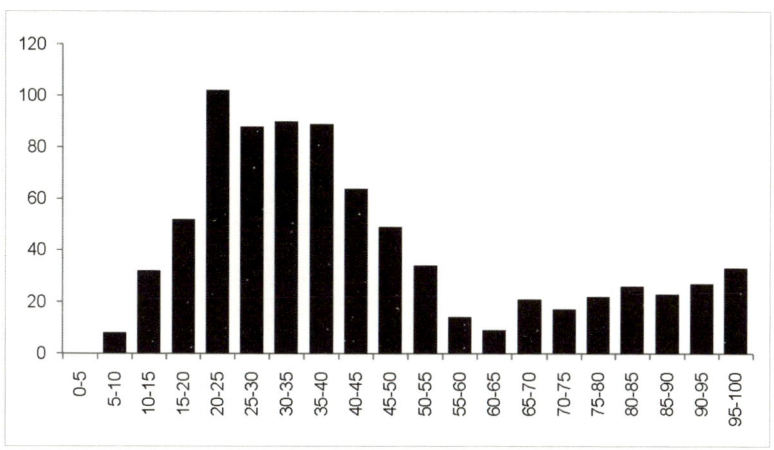

5-14], 대전은 약세 구간의 체류 기간이 길고 회복 속도가 상대적으로 완만합니다[그림 5-15]. 이러한 차이는 두 지역이 모두 변동성 높은 구조임을 공유하면서도, 시장의 회복 메커니즘에서는 서로 다른 특성을 보여줍니다.

예상 밖으로 완만한 수도권 심리 패턴, 경기·인천

수도권에 속한 경기와 인천은 서울과 유사한 분포를 보일 것으로 예상되지만, 실제 데이터에서는 다른 양상이 확인됩니다[그림 5-16, 5-17].

매수심리 약세 구간의 비중이 상대적으로 높고, 심리가 급격히 치솟는 폭등 구간은 거의 관찰되지 않습니다. 이는 시장이 구조적으로 안정된 흐름을 보이는 서울과 달리, 상승기에도 매수심리가 완만하게 반

응하는 특성을 드러내는 것입니다. 특히 인천은 장기간 약세 구간이
지속되는 구간이 반복적으로 나타나며, 평균 회귀보다 하방 압력이 상
대적으로 강한 모습을 보입니다.

[그림 5-16] 매수심리 분포(경기)

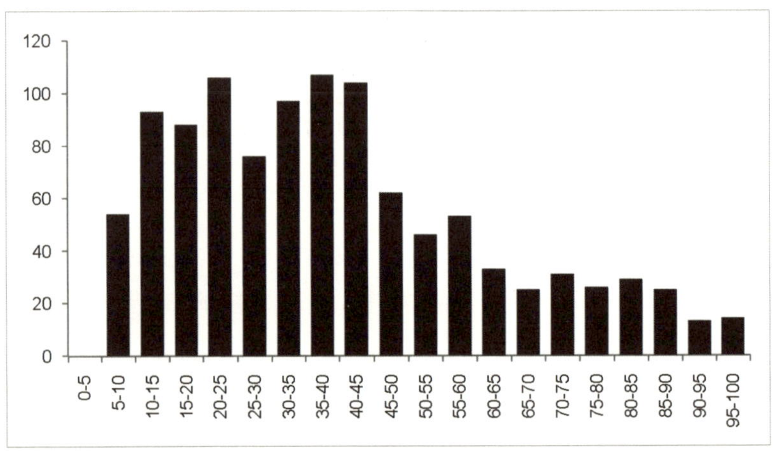

[그림 5-17] 매수심리 분포(인천)

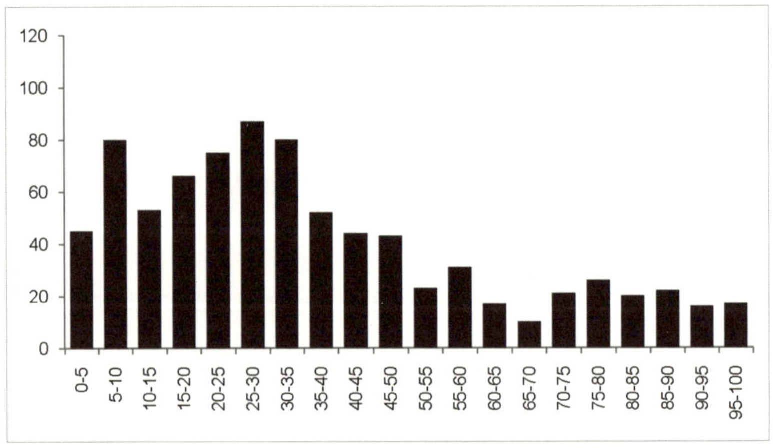

평균 회귀적 심리 구조, 광주

광주는 전 구간에서 평균 수준의 매수심리 구간이 가장 높은 비중을 차지하며, 극단적인 약세나 강세 국면의 빈도가 상대적으로 낮은 편입니다[그림 5-18].

이는 시장이 상승기에도 과열되지 않고 안정적인 흐름을 유지하는 특징을 보여줍니다. 매수심리가 완만하게 변동하는 가운데 평균 구간을 중심으로 분포가 집중되는 모습은 시장이 급등락보다는 안정적 조정을 거치며 움직인다는 점을 시사합니다.

[그림 5-18] 매수심리 분포(광주)

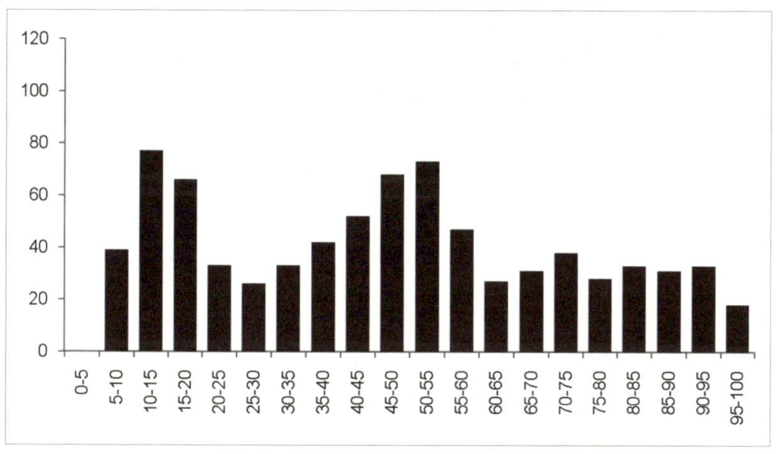

약세 구간이 긴 안정형 시장, 울산

울산은 상승기에도 매수심리가 급격히 치솟지 않고 안정적으로 유지되는 특징을 보입니다[그림 5-19].

전반적으로 약세 구간의 비중이 높으며, 강세 구간으로의 전환이 나타나더라도 완만한 흐름을 유지합니다. 이러한 분포는 시장의 심리적 반응이 제한적으로 작용한다는 점을 시사하며, 과열 국면이 나타나더라도 지속성이 짧거나 강도가 약한 형태로 나타나는 경향이 있습니다.

[그림 5-19] 매수심리 분포(울산)

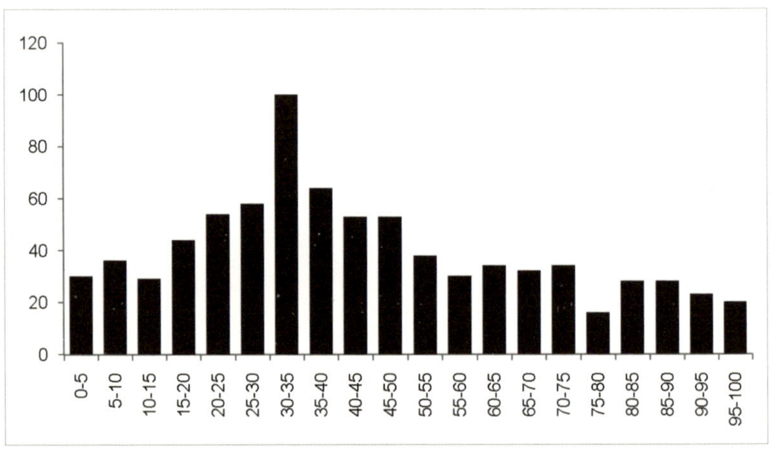

외부 기대에 민감한 심리 반응, 강원

강원은 수도권 접근성 개선과 저가 매수 기대 심리가 결합하는 시장 구조를 지닙니다[그림 5-20].

히스토그램에서 30~60 구간에서 높은 빈도를 보이며, 간헐적으로 80 이상 구간이 출현합니다. 이는 교통망개선 기대감, 정책 변수, 외부 수요 유입과 같은 이벤트성 요인에 따라 시장 심리가 급격히 고조되는 패턴을 보여줍니다.

즉, 평상시에는 완만한 심리 구조를 유지하지만 '계기 변수'에 민감하게 반응하는 성격이 강합니다. 전략적으로는 정책 변화나 교통 인프라 확충 타이밍에 맞춘 투자 접근이 유효합니다.

[그림 5-20] 매수심리 분포(강원)

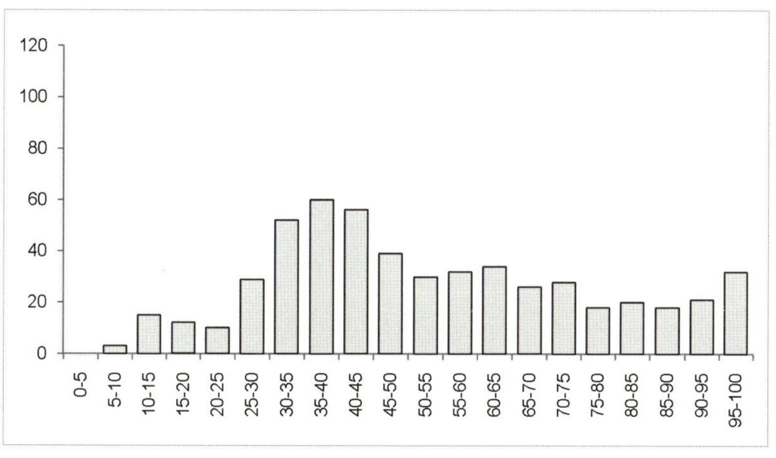

진입은 쉽지만 탈출이 어려운 시장, 충청권

충청권은 매수심리 약세 구간에서 장기 체류하는 패턴이 반복적으로 나타납니다[그림 5-21, 5-22].

상승 전환까지의 시간이 길고, 강세 구간의 빈도가 낮아 시장 진입 시점 판단이 쉽지 않은 지역입니다. 특히 약세 구간에서 반등으로 이어지는 구간이 짧고 제한적이기 때문에, 초기 진입 시점 선택에 따라 성과 차이가 크게 벌어질 수 있습니다. 이에 따라 초보 투자자에게는 진입 난이도가 높은 시장으로 평가됩니다.

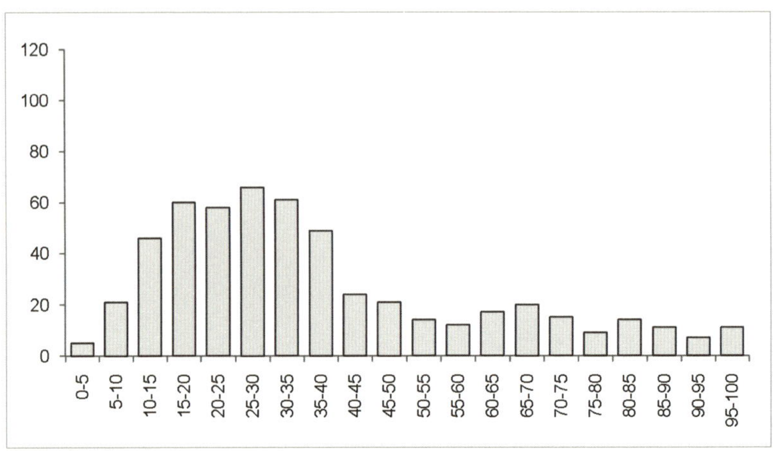

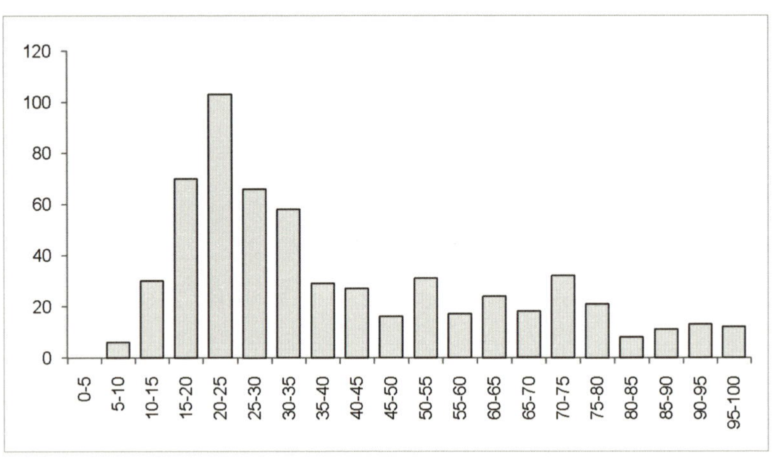

마찬가지로 난이도가 높은 시장, 호남권

호남권은 충청권에 비해 매수심리 약세 구간의 체류 기간이 짧고,
중간 수준 구간에서의분포가 상대적으로 높습니다[그림 5-23, 5-24].

214

급격한 심리 급등보다는 완만한 상승 흐름이 반복되는 구조이며, 적정 구간에서 시장을 빠져나오는 전략이 상대적으로 용이합니다. 다만 고점 국면에서의 탈출은 여전히 난이도가 높아, 상승 후반부에서는 심리적 불확실성이 크게 작용하는 경향이 있습니다.

[그림 5-23] 매수심리 분포(전북)

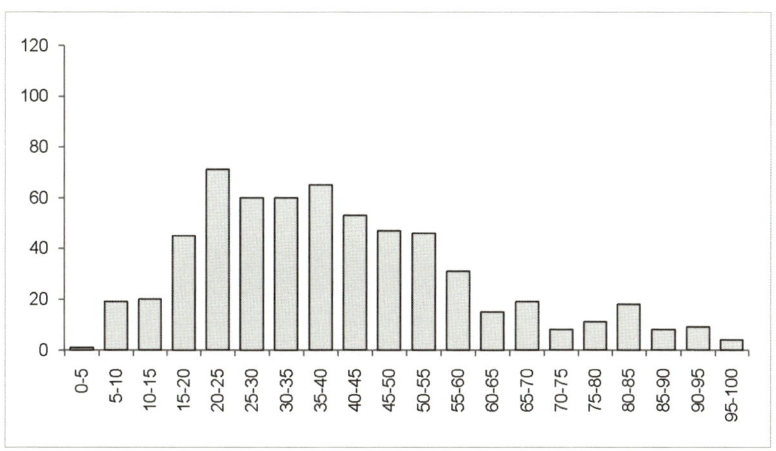

[그림 5-24] 매수심리 분포(전남)

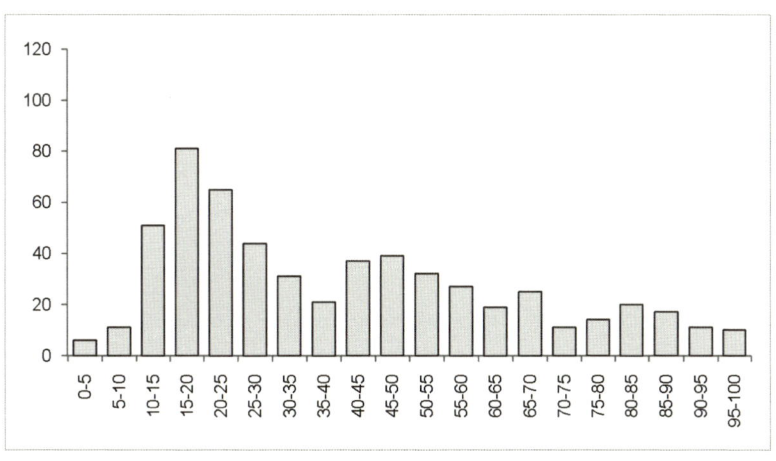

민감한 수요 반응의 특징적 시장, 경북

경북은 가격이 소폭만 상승해도 매수심리가 빠르게 위축되는, 수요 탄력성이 매우 높은 시장입니다[그림 5-25]. 이러한 특성 때문에 매수심리는 약세 구간에서 머무르는 기간이 길고, 강세로 전환되더라도 지속 기간이 짧은 편입니다. 가격 변화에 즉각적으로 반응하는 구조이므로, 진입 시점과 출구 전략 모두 높은 판단 난이도가 요구되는 시장이라 할 수 있습니다.

[그림 5-25] 매수심리 분포(경북)

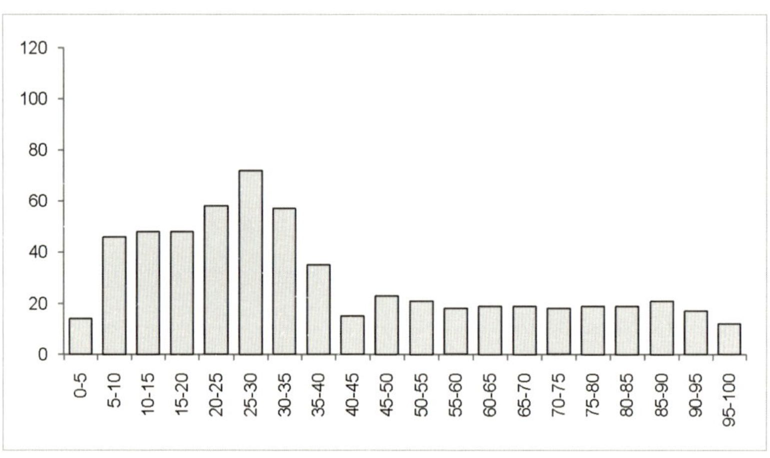

비교적 완만한 흐름과 수월한 진입·이탈, 경남

경남은 전체적으로 완만한 매수심리 변화를 보이며, 특정 시점에서 적정 수준의 수익률을 확보하고 시장을 이탈하기가 상대적으로 수월한 구조를 지니고 있습니다[그림 5-26].

　매수심리 약세 구간의 체류 기간이 경북보다 짧고, 상승 구간에서의 지속성도 더 높은 편이어서 진입·이탈 난이도가 상대적으로 낮은 지역으로 평가됩니다.

[그림 5-26] 매수심리 분포(경남)

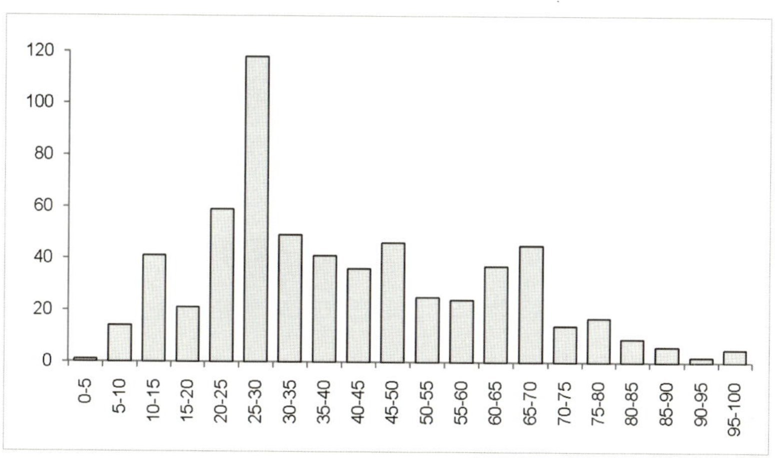

장기 약세 체류와 제한적 반등, 제주

　제주는 시장 규모가 작고 외부 수요의 영향이 커서 수요 변화에 민감하며, 전체적인 변동 폭은 제한적입니다[그림 5-27].

　히스토그램에서 20~60 구간에서 고르게 분포하며, 급격한 극단 구간은 드뭅니다. 이는 관광·이주 등 목적성 수요가 시장을 지배하기 때문이며, 단기 차익보다는 특정 목적에 맞춘 보유 전략이 효과적입니다.

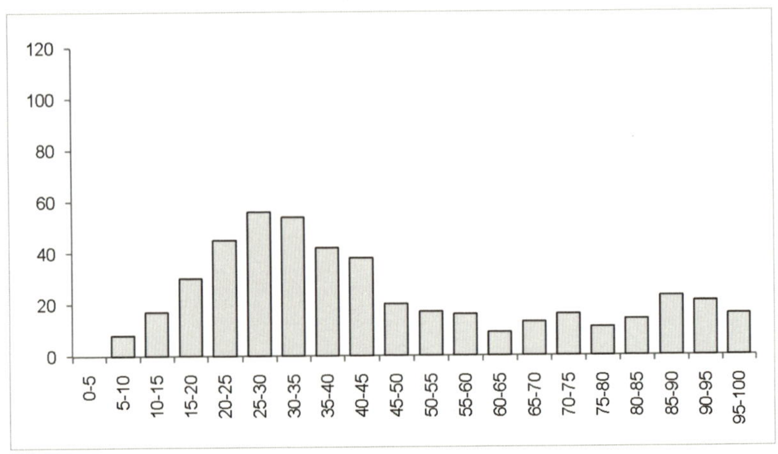

히스토그램이 보여주는 지역별 시장 구조의 차이

지방 소도시일수록 매수심리 약세 구간의 체류 기간이 길고, 반등 구간은 짧고 제한적임을 보여줍니다. 이러한 구조는 매도 타이밍을 정밀하게 포착하지 못할 경우 투자 리스크가 급격히 확대될 수 있음을 의미합니다. 반면, 광역시 이상 도시는 비록 자주 있는 기회는 아니지만 저점 매수 구간이 명확하게 형성되는 시점이 존재하며, 탈출 타이밍 또한 상대적으로 여유가 있는 시장 구조를 갖추고 있습니다.

따라서 지방 소도시는 고난도의 타이밍 전략이 전제되어야 하는 시장, 반면 광역시는 비교적 완화된 심리 구조 속에서 전략적 진입·이탈이 가능한 시장으로 구분할 수 있습니다.

지방은 진입은 쉽지만 탈출이 어려운 구조이고, 광역시 이상 도시는 진입·이탈의 기회가 상대적으로 분명하게 형성된다.

갭투자가 좋을까요,
월세투자가 좋을까요

대구 부동산 시장의 최근 흐름을 살펴보면 구조적 변화를 확인할 수 있습니다. 이는 거래 구조 자체의 전환 과정에 진입했음을 시사합니다. 이러한 맥락에서 '갭투자가 나을까, 월세투자가 나을까'라는 질문은 시장 구조 변화에 대한 이해를 전제로 한 전략적 판단의 문제로 전환되고 있습니다.

2011년부터 2021년까지 대구의 주택 매매 시장은 상승과 활황기를 반복하며 높은 거래량을 유지해 왔습니다. 그러나 2022년 이후 시장은 빠르게 위축되었고, 2023~2024년의 일시적 반등 국면에도 불구하고 장기 추세선으로 보면 매매 거래량은 하향 안정 구간에 진입했습니다 [그림 5-28]. 이러한 변화는 자가 매수 수요가 구조적으로 축소되고 있음을 의미합니다. 과거와 달리 매수자의 적극적 진입이 거래를 주도하는 국면이 아니며, 소유를 전제로 한 수요의 비중이 점차 축소되는 방

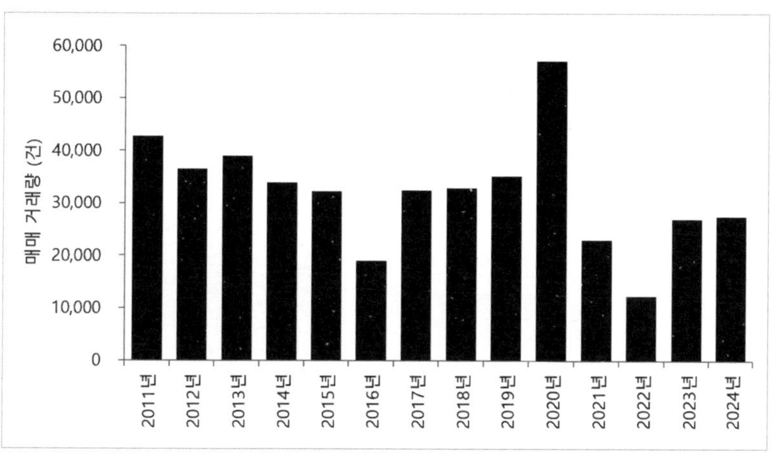

향으로 이동하고 있습니다.

반면 전세·월세를 포함한 전체 임차 거래량은 2010년대 중반 이후 꾸준히 증가하는 추세를 보였습니다[그림 5-29]. 이는 시장의 수요 중심축이 자가 매수에서 임차로 점차 이동하고 있음을 보여주는 대표적 신호입니다.

특히 주목할 점은 전세 대비 월세 거래의 빠른 확산입니다. 전세 거래량이 완만한 증가세를 보인 반면, 월세 거래량은 최근 몇 년 사이 가파른 상승 곡선을 그리며 시장 내 비중을 급격히 확대해 왔습니다[그림 5-30]. 이러한 변화는 임대 시장 구조의 재편을 의미합니다. 전세가 기존 구조의 '지속'을 나타낸다면, 월세는 새로운 구조의 '확장'을 상징합니다.

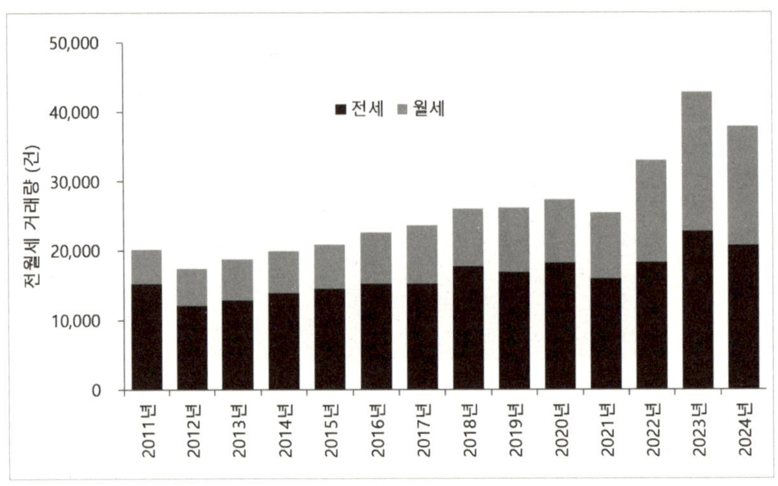

　월세 시장의 성장에는 여러 구조적 요인이 작용하고 있습니다. 먼저 1~2인 가구의 꾸준한 증가로 인해 소유 부담이 적고 이동성이 높은 월세 주택에 대한 선호가 점차 확대되고 있습니다. 여기에 고령화와 전세대출 접근성 제한이 맞물리면서 전세 자금 마련이 어려운 계층이 월세 시장으로 이동하고 있습니다.

　또한 소득·자산 양극화가 심화하면서 전세 진입 장벽이 높아지고, 초기 비용 부담이 상대적으로 낮은 월세가 현실적인 대안으로 부상하고 있습니다. 더불어 MZ세대와 청년층을 중심으로 소유보다 유연성을 중시하는 주거 가치관이 확산하면서 월세는 하나의 생활 방식으로 자리 잡아가고 있습니다.

　마지막으로 공공임대와 도시형 생활주택 등 공급 기반의 확대가 월

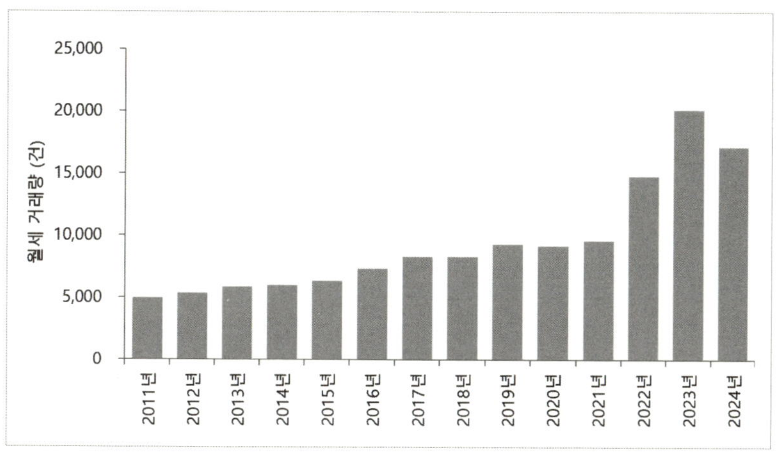

세 시장의 성장을 구조적으로 뒷받침하고 있습니다. 이러한 요인들이 맞물리면서 임대 시장의 중심축은 점차 전세에서 월세로 이동하고 있으며, 이는 단기적 변동이 아닌 장기적인 구조 전환의 신호로 해석할 수 있습니다.

투자자의 관점에서 볼 때, 전세 수요가 완전히 소멸한 것은 아니지만 월세 수요는 더 빠르고 폭넓게 확산하고 있습니다. 이러한 흐름은 장기 추세의 변화로서, 투자 전략에도 근본적인 전환을 요구합니다.

즉, 기존의 '전세를 끼고 시세차익을 노리는 방식'에서 벗어나, '안정적인 월세 수익 기반을 구축하는 전략'으로 전환할 필요가 있습니다. 이는 단기 가격 상승에 의존하는 투기적 접근이 아니라, 수요 구조의 변화에 대응하는 장기적 현금흐름 기반 투자 방식으로의 이동을 의미합니다.

요약하자면, 대구 주택 시장에서 임차 거래는 꾸준히 증가하고 있으며 특히 월세 거래의 확산 속도는 가속화되고 있습니다. 이는 인구·금융·사회 구조의 변화가 만들어낸 장기적 구조 전환입니다. 이러한 변화를 읽지 못한 채 과거의 전세 기반 투자 전략만을 고수한다면, 향후 시장에서 수익보다 리스크를 더 크게 떠안을 가능성이 높습니다.

앞으로의 시장에서 경쟁력 있는 투자자는 '무엇을 사느냐'가 아니라 '어떤 구조를 읽고 대응하느냐'에 의해 결정될 것입니다.

> 구매 수요가 약해지고 임대 수요가 강한 구조에서는, 전세를 끼고 시세차익을 노리는 옛 방식보다 월세 기반 현금흐름 전략의 중요성이 커진다.

수익률보다
'상징 자본'이 강하다

얼마 전 필자는 한 부동산 강연에서 '수익형 부동산'을 주제로 한 발표 시간을 가진 적이 있습니다. 참여자들이 각자 보유하고 있는 자산이나 수익률이 높은 투자 사례를 공유하는 자리에서, 필자는 '5천만 원, 연 10% 수익률의 아파트'라는 주제로 사례를 소개했습니다. 자본 대비 수익률이라는 측면에서만 본다면, 이는 분명 주목할 만한 투자 성과라고 판단했기 때문입니다.

그러나 청중의 반응은 예상과 달리 미온적이었습니다. 그 이유는 간단했습니다. 해당 아파트가 도심의 선호 지역이 아니라 도시 외곽의 구축 단지였기 때문입니다. 참여자 다수는 그 지역의 이름조차 익숙하지 않아 투자 대상에 대한 관심이나 공감이 형성되지 않았습니다. 즉, 수익률이라는 실적 지표만으로는 투자 판단을 이끌어내기 어렵다는 사실이 드러난 것입니다.

반대로 만약 월세 수익률이 2% 수준에 불과하더라도, 수성구와 같은 대표적 인기 지역의 아파트를 투자 대상으로 제시했다면 반응은 전혀 달라졌을 가능성이 높습니다. 이는 수성구 아파트가 상징 자본과 사회적 인정을 동시에 담보하는 투자 대상으로 인식되고 있기 때문입니다. 다시 말해, 동일한 경제적 조건이라 하더라도 사회적 위상과 평판 가치가 투자 판단에 실질적 영향을 미치고 있는 것입니다.

이 사례는 투자의사 결정이 단순한 수익률 계산만으로 설명되지 않는다는 점을 보여줍니다. 입지에 대한 사회적 인식, 주변의 평가, 상징 자본, 소속 욕구와 같은 비경제적 요인들이 결합하면서, 부동산 투자 판단에는 경제적 요인과 사회적 요인이 공존하게 됩니다. 이는 투자 행위가 수익 극대화를 목표로 하는 경제적 전략일 뿐 아니라, 사회적 정체성과 인정 욕구를 표현하는 행위이기도 하다는 점을 시사합니다.

결국 투자자들은 때로 수익률보다 사회적 평판과 상징 자본을 더 중시하며 선택을 내립니다. 이러한 심리 구조를 이해하는 것은 투자전략 수립에 있어 매우 중요한 요소입니다. 시장 가격은 언제나 '합리적인 투자자'만이 아니라, 사회적 인식과 집단적 심리가 반영된 결과물이기 때문입니다.

> 사람들은 숫자로 따진 수익률보다, 특정 지역·브랜드가 주는 상징성과 계층 신호에 더 강하게 반응한다.

장기 보유 전략의
착시와 한계

투자자의 시각에서 본 전략 결론

자산 운용의 성과는 보유 기간의 길이에 의해 결정되는 것이 아닙니다. 어떤 자산을 선택했는지, 그리고 언제 매수하고 언제 매도했는지가 성과를 좌우하는 핵심 변수로 작용합니다. 이를 더욱 구체적으로 살펴보기 위해 1987년이라는 특정 시점을 가정해 보겠습니다.

만약 당시 2,500만 원의 동일한 자본을 보유한 개인이 있었다면, 그는 크게 두 가지 선택지를 고려할 수 있었습니다. 첫째는 대구 지역의 25평형 국민주택형 아파트를 분양받아 장기 보유하는 것이고, 둘째는 같은 자본을 연 6% 복리 조건으로 은행 적금 상품에 예치하는 것입니다. 표면적으로는 어느 쪽이 더 우월한 선택일지 단정하기 어렵지만, 수십 년 후의 결과는 명확히 갈립니다.

1987년에 아파트를 분양받아 현재까지 보유했다면 명목가격은 약 9,790만 원으로 상승하여 단순 계산으로 약 3.9배 오른 셈입니다. 표면적으로만 본다면 상당한 자산 증식이 이뤄진 것처럼 보일 수 있습니다. 그러나 이러한 상승은 실질 구매력의 증대와 동일하지 않습니다.

같은 기간 물가 상승률을 반영하여 실질가치로 환산해 보면, 해당 아파트의 실질가격은 약 2,510만 원 수준에 불과합니다. 초기 투자금과 큰 차이가 없는 수준으로, 이는 명목가격 상승이 곧 실질 자산가치의 증가를 의미하지 않음을 보여줍니다.

이 점은 흔히 '자장면 지수'로 설명할 수 있습니다. 30년 전1,000원이던 자장면 한 그릇이 현재 6,000원이 되었다면, 이는 자장면값이 6배 오른 것이 아니라 화폐가치가 1/6로 하락했음을 의미합니다. 마찬가지로 아파트 가격이 3.9배 상승했다 하더라도 이는 실질 구매력의 확대와는 다른 차원의 문제입니다. 자산의 가치는 해당 자산으로 교환할 수 있는 실질 재화와 서비스의 범위에 의해 평가되어야 합니다.

동일한 자본을 같은 기간 동안 연 6% 복리 적금에 예치했을 경우 결과는 상이합니다. 명목 기준으로 약 2억 2,886만 원에 이르며, 이는 아파트의 명목가격 9,790만 원을 크게 상회합니다. 더 나아가 물가를 반영한 실질 자산가치 역시 약 3,649만 원으로 나타나, 부동산의 실질 수익률을 능가하는 결과를 보입니다.

이 수치는 부동산 장기 보유가 반드시 금융자산 대비 우월한 수익률을 보장하지 않는다는 점을 명확히 보여줍니다. 특히 인플레이션과 복리 효과를 함께 고려할 경우, 금융자산이 오히려 더 효율적인 자산 증식 수단이 될 수 있음을 시사합니다.

이 사례는 '부동산은 시간이 지나면 반드시 오른다'는 통념이 항상 유효하지 않음을 보여줍니다. 장기간 보유했다고 해서 높은 실질 수익을 보장받는 시대는 이미 지났으며, 자산 운용의 성패는 다음과 같은 전략적 변수들에 의해 결정됩니다.

첫째, 매수 시점입니다. 부동산 시장 역시 상승과 하락의 사이클을 갖고 있으며, 어떤 시점에 진입했는지가 장기 수익률에 결정적인 영향을 미칩니다. 같은 아파트라 하더라도 저점에서 매수했을 경우와 고점에서 매수했을 경우의 자산 성장 곡선은 전혀 다르게 나타납니다.

둘째, 매수 대상의 질적 요인입니다. 입지, 생활권, 교통 접근성, 상품성, 지역 위상 등은 시간이 지날수록 자산가치에 중대한 영향을 미칩니다. 동일한 시기에 매수했더라도 입지의 질에 따라 실질 수익률은 크게 달라질 수 있습니다.

셋째, 매도 시점입니다. 사이클의 상단에서 회수했는지, 하락기 초입에 처분했는지에 따라 최종 자산 성과가 갈리게 됩니다. 매도 타이밍은 자산 증식의 구조 자체를 변화시키는 핵심 요인입니다.

이번 분석은 부동산 자산의 명목가격만을 기준으로 성과를 평가하는 시각이 얼마나 위험할 수 있는지를 보여줍니다. 표면적으로는 가격이 상승한 것처럼 보이지만, 실질 수익률 기준으로는 금융자산에 미치지 못하는 경우가 적지 않습니다.

앞으로의 시장 환경에서는 단순히 보유 기간을 늘리는 것만으로는 충분하지 않습니다. 시장 사이클의 이해, 합리적 진입과 회수 전략, 데이터에 기반한 의사결정이 자산 증식의 핵심이 될 것입니다. 결국 부동산 투자에서 중요한 것은 '얼마나 오래 보유했는가'가 아니라, '언제 사고, 어디를 사고, 언제 파는가'입니다.

외곽 구축아파트가
우상향하지 못하는 이유

'시간이 지나면 언젠가는 오른다.'

부동산 시장에서 흔히 듣는 얘기입니다. 그러나 실제 데이터를 면밀히 살펴보면, 시장은 그렇게 단순하지 않다는 사실을 확인할 수 있습니다. 특히 외곽 지역의 구축 아파트는 시간이 충분히 흘렀음에도 불구하고 가격 상승이 발생하지 않는 경우가 적지 않습니다.

2013년부터 2025년까지 대구 아파트 가격을 분위별로 구분하여 분석한 결과, 상급지 아파트가 상승을 시작한 이후 하급지 아파트에서 실제 상승이 발생할 확률은 다음과 같이 나타났습니다.

전파 단계	상승 발생 확률(%)
5분위 ▶ 4분위	90.9 %
5분위 ▶ 3분위	100.0 %
5분위 ▶ 2분위	45.5 %
5분위 ▶ 1분위	54.5%

자료 출처: KB부동산

상급지 아파트가 상승을 시작하더라도 하급지 아파트가 전혀 반응하지 않는 사례가 절반이라는 점에서, 단순히 시간이 지나면 자연스럽게 가격이 상승한다는 기대는 현실과 상당한 괴리가 있음을 알 수 있습니다.

기존의 논의는 대체로 '얼마 뒤에 가격을 따라가느냐'와 같은 속도에 초점이 맞춰져 있었습니다. 그러나 데이터를 면밀히 검토하면, 속도보다 훨씬 중요한 것은 상승 자체가 발생하는가 여부임을 확인할 수 있습니다. 아래 그래프는 상급지 아파트(5분위)가 상승을 시작한 이후, 하위 분위별로 상승이 실제로 발생한 12개월 이내 누적 상승 확률을 나타낸 것입니다[그림5-31].

그래프에서 확인할 수 있듯이, 상급지에 가까울수록 상승이 빠르고

[그림 5-31] 대구 아파트 분위별 누적 상승 확률

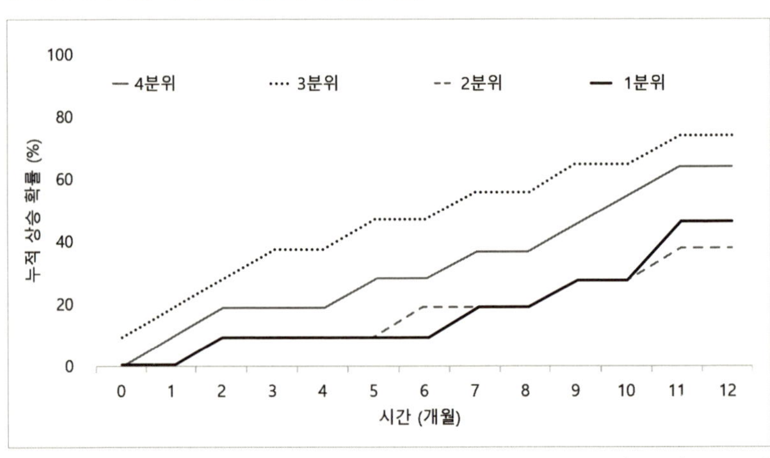

자료 출처: KB부동산

높은 확률로 나타나지만, 하급지 아파트는 12개월이 지나도 절반에 못 미치는 수준에 머물고 있습니다. 특히 2분위(하급지)의 경우 1년 내 상승 확률이 약 36.4%에 불과하며, 이는 절반 이상이 끝내 반응하지 않는다는 것을 의미합니다. 따라서 투자 판단의 초점을 '언제 오를 것인가'에서 '과연 오르기라도 할 것인가'로 바꾸는 것이 필요합니다.

투자금이 적다고 해서, 또는 상승장이 찾아왔다고 해서 외곽의 구축 아파트에 쉽게 진입하는 것은 생각보다 위험할 수 있습니다. 앞서 말씀드린 바와 같이 이들 단지는 상승 자체가 발생하지 않을 확률이 높고, 상승장에서 매도 기회를 놓치면 다음 상승장이 오더라도 전고점 근처에 머무르는 수준에 그치는 경우가 많아 그만큼 기회비용 손실이 커집니다.

이런 점에서 외곽 구축 아파트를 시세차익 목적의 투자 대상으로 삼기보다는, 월세 임대 등 수익형 관점에서 접근하는 것이 상대적으로 합리적일 수 있습니다.

> 외곽 구축 아파트는 '언젠가는 오른다'가 아니라, '오르지 않을 가능성'을 먼저 고려해야 한다.

같은 입지, 같은 연식, 같은 세대수, 그런데 시세는 1억 차이

동일 입지 내 L아파트와 K아파트, 노출의 차이(180m vs 360m)는 시세에 실질적인 영향을 미친다.

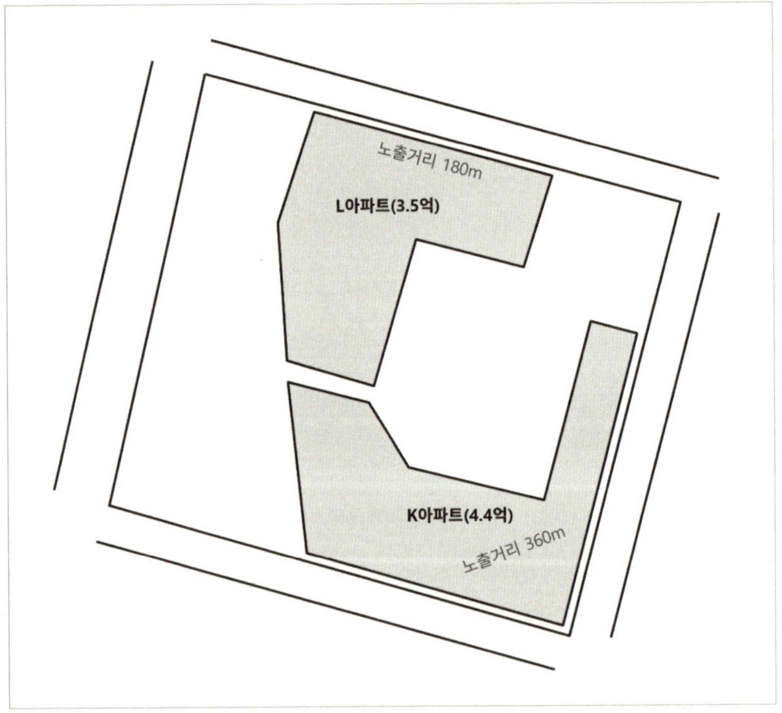

어떤 지역에는 입지 차이가 거의 없음에도 불구하고 약 1억 원의 가격 격차가 발생하는 두 아파트 단지가 존재합니다. 두 단지는 위치상 큰 차이가 없으며, 배정되는 초·중학교도 동일합니다. 준공 연도 역시 불과 1년 차이에 불과합니다. 이러한 조건만 놓고 본다면 시세 차이가 발생할 이유가 없어 보이지만, 실제 시장에서는 뚜렷한 가격 격차가 나타나고 있습니다.

이 사례는 아파트 가치를 전통적 입지 요인(교통, 학군 등)만으로 설명하기 어렵다는 점을 잘 보여줍니다. 시장에서는 상징성, 스토리, 노출도와 같은 비정량적 요인이 복합적으로 작용해 가격이 형성되기 때문입니다.

브랜드 경쟁력이나 세대수 측면에서 L 아파트와 K아파트는 큰 차이가 없습니다. 두 단지 모두 1군 브랜드이며 세대 규모 역시 유사합니다. 스토리 측면에서도 특별한 호재나 악재는 발견되지 않았습니다. 결국 가격 격차를 설명할 수 있는 핵심 요인은 다른 곳에 존재합니다.

그 지점이 바로 노출도입니다. K아파트는 코너 단지에 위치해 차량 및 보행자에게 잘 드러나며, 도로변 노출 거리가 약 360m에 달합니다. 반면 L아파트는 도로에서의 가시성이 상대적으로 낮고 일부 뒷면만 노출됩니다. 노출 거리는 약 160m 수준에 그칩니다. 이 차이는 시장에서의 인식 격차로 이어졌고, 결과적으로 약 1억 원의 가격 격차를 만들어낸 것으로 해석할 수 있습니다.

즉, 입지·브랜드·학군이 동일하더라도 노출도라는 작은 물리적 차이가 실제 시세에 의미 있는 격차를 만들어낼 수 있다는 점을 보여주는 사례입니다. 이러한 현상은 특정 지역에 국한된 것이 아니라, 대구 전역에서 반복적으로 관찰되고 있습니다. 따라서 투자 판단 시 단순히 '옆 단지와 조건이 비슷하다'는 이유만으로 저평가라고 단정하기보다는, 상징성·스토리·노출도와 같은 인식 요인까지 함께 고려하는 것이 필요합니다.

> 같은 입지와 연식이라도 노출도·상징성·인지도가 다르면 가격은 달라진다. 시장은 보이지 않는 인식부터 가격으로 옮긴다.

매도는 예술,
내 집을 팔 수 있는 확률

부동산 시장에서 자산의 '규모'와 '현금화 가능성'은 반드시 일치하지 않습니다. 예컨대 부동산 강의나 투자 세미나에서 흔히 들을 수 있는 자기소개는 이렇습니다.

"저는 수도권 아파트 10채를 보유하고 있으며 총자산은 약 80억 원입니다."

"저는 지방 아파트 15채를 보유해 자산 규모가 약 30억 원 정도 됩니다."

이러한 발언은 표면적으로 매우 인상적으로 들릴 수 있습니다. 그러나 실제로 자산의 시장 유동성이라는 관점에서 바라보면 전혀 다른 질문이 떠오릅니다.

'과연 이 자산을 원하는 시점에 모두 처분할 수 있을까?'

'이 가격에 실제로 매수할 사람이 존재할까?'

'내 집이 시장에서 거래될 확률은 얼마나 될까?'

이 질문은 단순한 호기심이 아니라 부동산 자산의 본질적 속성을 짚는 중요한 문제입니다.

2025년 8월 기준 대구 아파트 시장을 살펴보면 이 현실은 더욱 분명해집니다. 당시 평균 매매 매물은 약 41,000건이었지만, 일 평균 거래량은 60건에 그쳤습니다. 이를 확률로 환산하면 약 0.15%, 즉 1,000채 중 단 1.5채만 거래되는 시장이라는 뜻입니다. 겉으로는 '매물이 많다'고 표현할 수 있지만, 실상은 매도 가능성이 극도로 낮은 비유동적 시장에 가까운 상황입니다.

그렇다면 매도 확률을 높이기 위해 어떤 전략이 필요할까요? 일반적으로는 경쟁 매물보다 낮은 가격으로 매물을 등록하거나, 여러 중개업소에 동시에 내놓는 방식, 중개보수 인상, 수리 및 홈스타일링을 통한 매수자 감성 자극, 성수기 출회 등 다양한 방법이 거론됩니다. 이러한 전략은 분명 일정 부분 실효성을 가질 수 있습니다.

그러나 실질적으로 매도 확률을 가장 높이는 방법은 단순합니다. 바로, 매수자(수요자)가 많은 시점에 시장에 내놓는 것입니다. 다시 말해, 시장의 심리가 강세로 전환되어 가격이 오르고 있는 시점에 매도하는 것이야말로 확률을 가장 극적으로 끌어올리는 전략입니다.

팔리는 집이 반드시 '좋은 집'이어서 팔리는 것은 아닙니다. 오히려 사고자 하는 사람들이 많을 때 나온 집이기 때문에 팔리는 경우가 대부분입니다. 이는 부동산 자산의 가치가 '절대적 품질'보다는 '상대적

시장 상황'에 더 크게 영향을 받는다는 점을 잘 보여줍니다.

따라서 매도 전략은 '내 자산의 질'을 강조하는 것만으로는 충분하지 않습니다. 시장의 순환 국면, 수요 심리, 매수세의 집중 시기와 같은 거시적 시장 환경을 읽고 시점을 선택하는 능력이야말로 매도의 성패를 가르는 핵심 요인입니다. 결국, 부동산 매도는 정보의 싸움이 아니라 타이밍의 예술이라고 할 수 있습니다.

> 매도 확률을 가장 높이는 방법은, 매수자가 많은 시점에 시장에 내놓는 것이다

수요탄성계수로 본
아파트 상승력의 차이

많은 투자자가 부동산 시장에서 가장 궁금해하는 질문 중 하나는 다음과 같습니다.

'둘 중 어떤 아파트가 더 많이 오를까?'

이 질문은 현재의 시세나 입지만으로는 충분히 답하기 어렵습니다. 왜냐하면 가격의 지속 가능성은 그 가격을 떠받치는 수요의 구조와 강도에 의해 결정되기 때문입니다.

본 절에서는 이를 판단할 수 있는 도구로서 수요탄성계수 개념을 적용해 보고자 합니다. 수요탄성계수는 가격이 변할 때 거래량이 얼마나 민감하게 반응하는지를 나타내는 지표로, 시장의 수요 구조를 정량적으로 파악할 수 있는 중요한 분석 도구입니다.

경제학에서 수요의 가격탄력성이란, 가격이 일정 비율 변할 때 수요량이 얼마나 변하는지를 나타내는 척도입니다.

탄성계수가 클수록 가격 변화에 대한 수요의 반응이 민감하여 시장의 변동성이 커지고[그림 5-32], 탄성계수가 작을수록 수요가 가격 변화에 둔감하여 시장이 안정적인 특성을 보입니다[그림 5-33].

주택시장에 이를 적용하면, 가격 상승 시 거래량이 급감하는 아파트는 수요의 탄성도가 높아 상승세가 짧고 하락 전환도 빠른 경향을 보입니다. 반대로 가격이 상승하더라도 거래가 지속되는 아파트는 수요의 탄성도가 낮아 상승 국면이 보다 오래 지속되는 특성을 나타냅니다. 따라서 수요의 탄력성은 상승장의 지속 가능성과 시장의 내구력을 보여주는 핵심 신호라 할 수 있습니다.

이제 이를 실제 시장에 적용해 보겠습니다.

상승장 구간 동안의 데이터를 바탕으로 A아파트와 B아파트의 수요 탄성계수를 계산한 결과,

[그림 5-32] 수요탄성계수 ↑

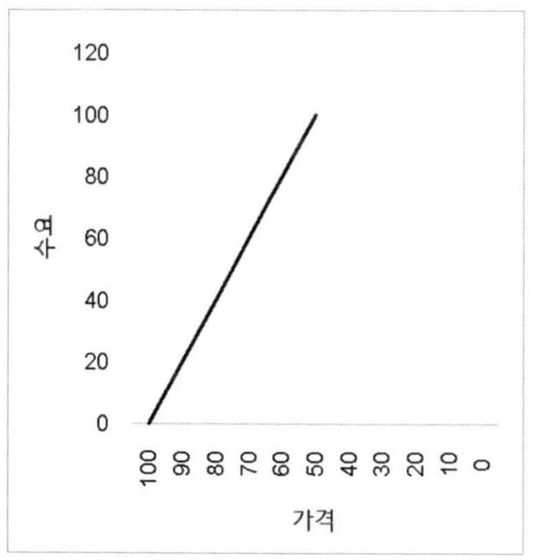

[그림 5-33] 수요탄성계수 ↓

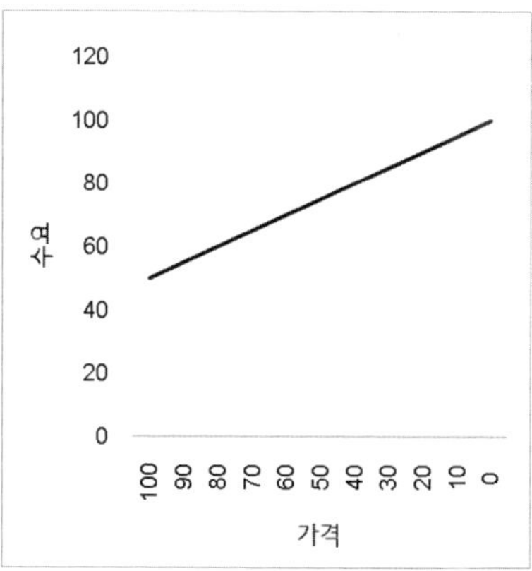

A아파트(수요탄성계수 = 1)는 가격이 상승하더라도 거래량 감소 폭이 작고, 상승장에서는 오히려 거래가 소폭 증가하는 모습을 보입니다. 이는 수요층이 가격 변화에 크게 흔들리지 않고 시장에 꾸준히 머무르며, 상승 신호를 신뢰하는 구조임을 의미합니다. 즉, 안정적인 수요 기반을 가진 단지입니다.

반면 B아파트(수요탄성계수 = 5)는 가격이 조금만 올라도 거래량이 빠르게 줄어드는 고탄력 시장입니다. 수요층이 가격에 매우 민감하게 반응하며, 일정 수준 이상의 가격에는 강한 저항을 보입니다. 이 때문에 상승장이 짧고, 고점 부근에서 거래가 급격히 위축되며 국면 전환이 빠르게 나타나는 경향이 있습니다.

이처럼 동일한 시장 환경 속에서도 수요탄성계수의 차이는 곧 상승세의 지속성과 변동성의 정도를 결정짓는 핵심 요소가 됩니다.

수요탄성계수가 크다는 것은 가격이 조금만 올라가도 거래가 줄어들고, 시장의 상승세가 단기간에 꺾일 수 있음을 의미합니다. 반대로 탄성계수가 작다는 것은 실수요층이 두텁고 가격 상승에 대한 저항이 낮기 때문에, 상승세가 비교적 완만하지만 오래 지속될 가능성을 내포합니다.

이는 '어떤 아파트가 더 많이 오를까?'라는 질문에 수요의 구조적 강도로 답할 수 있음을 보여줍니다. 특히 상승장에서는 거래량이 가격 상승의 지속성을 담보하는 핵심 요소가 되기 때문에, 수요탄성계수가 낮은 아파트일수록 시장 국면의 변화에 더 강한 복원력을 보일 가능성이 높습니다.

부동산 투자에서 상승률만을 보고 매수 대상을 선택하는 방식은 위험할 수 있습니다. 겉으로 보이는 가격의 등락률 이면에는 수요의 내구력이라는 보이지 않는 힘이 작용하고 있기 때문입니다. 수요탄성계수는 이 내구력을 계량적으로 측정할 수 있는 유용한 도구입니다.

따라서 투자자는 특정 단지의 과거 시세 흐름뿐만 아니라, 가격 상승기에 거래량이 어떻게 반응했는지를 함께 살펴보아야 합니다. 수요가 견고한 단지일수록 상승세의 지속 가능성이 높고, 하락기에도 상대적으로 방어력이 높기 때문입니다.

> 가격 상승에도 거래가 유지되는 단지는 장기 상승을 이어가지만, 소폭 상승에도 거래가 끊기는 단지는 상승이 짧고 금세 꺾인다.

공급은 절대치가 아니라 상대치입니다

2023년 한 해 대구광역시의 아파트 입주 물량은 약 3만 6천 세대로, 흔히 '적정 물량'으로 간주되는 1만 2천 세대의 약 3배에 달했습니다. 여기에 2024년부터 2025년까지 예정된 공급까지 합산하면 총 공급량은 약 7만 2천 세대에 이릅니다. 이러한 수치만 보면 공급 충격으로 인한 가격 하락이 자연스러운 결과처럼 보일 수 있습니다.

하지만 실제 시장에서는 전혀 다른 현상이 관찰되었습니다. 2023년초를 기점으로 일부 아파트 단지는 지속적인 가격 상승세를 보인 반면, 다른 단지들은 하락세를 면하지 못했습니다. 이러한 결과는 공급 절대치만으로는 시장을 설명할 수 없으며, 공급의 상대적 경쟁 구조가 가격 결정 과정에 중요한 영향을 미치고 있음을 시사합니다.

공급이 증가하면 가격이 하락한다는 단순한 도식은 실제 시장 상황을 충분히 설명하지 못합니다. 핵심 입지에 위치한 아파트의 경우 대체 가능한 단지가 제한적이기 때문에, 공급 증가에도 불구하고 수요가 유지되거나 오히려 강화되는 경우가 적지 않습니다. 반면 외곽 지역의 구축 아파트의 경우, 신규 공급 단지의 입지 및 상품성이 상대적으로 더 우수한 경우가 많아, 전체 공급량이 하방 압력으로 작용하는 양상이 뚜렷합니다.

대표적 사례로 E아파트를 살펴보면, 2023년 1월부터 2025년 10월까지 약 7만 2천 세대의 신규 공급이 이루어진 시기에도 매매가격은 56.5% 상승했습니다. 이는 E아파트가 받은 실질적인 공급 압력이 극히 제한적이었기 때문으로 해석할 수 있습니다.

이 기간 동안 E아파트와 직접적으로 경쟁할 수 있었던 신규 단지는 2023년 말 입주한 W아파트와 2024년 말 입주한 I아파트에 국한되었습니다. 두 단지를 제외하면 실질적으로 대체 가능한 신규 단지는 존재하지 않았으며, 두 단지의 입주장 매물 역시 제한적이었습니다. 이에 따라 E아파트가 하방 압력을 받은 기간은 두 단지가 입주하는 약 6개월에 불과했습니다.

반면, 나머지 기간 동안에는 공급을 상회하는 수요가 지속되었습니다. 또한 상급지 거주자는 계층적 상징을 소비하기 때문에, 하급지 신축 공급이 이루어지더라도 수요 전환이 쉽게 발생하지 않습니다. 이러한 구조는 공급 절대치보다 경쟁 단지의 질적·수적 요인이 가격 형성에 더욱 중요한 영향을 미칠 수 있음을 보여줍니다.

반면 외곽지에 위치한 구축 아파트는 정반대의 흐름을 보였습니다. 같은 기간 외곽 구축 아파트의 매매가격은 -17.0%, 전세가격은 -15.8% 하락했습니다.

이러한 하락은 외곽 구축 아파트가 신규 공급 전량과 사실상 경쟁 관계에 놓였기 때문입니다. 7만 2천 세대의 신규 물량 대부분이 해당 단지보다 입지나 상품성 측면에서 우수했기 때문에 공급이 곧 하방 압력으로 작용했습니다. 이런 상황에서는 가격 방어력이 취약해질 수밖에 없으며, 상승장 진입 시 회복 속도 또한 상대적으로 느립니다.

공급이라는 숫자는 절대치가 아니라 상대치입니다. 단순히 공급량이 많다는 사실만으로 모든 단지가 하락하는 것은 아닙니다. 중요한 것은 특정 단지가 얼마나 우수한 경쟁 단지들과 어떤 시기에 공급되는가이며, 그 경쟁 범위의 넓이와 강도가 가격 결정에 실질적인 영향을 미칩니다.

> 공급 숫자 자체보다 어느 단지와 경쟁하는지가 가격 향방을 더 정확하게 설명한다.

아파트 저층이 비선호되는 이유

투자자의 시각에서 본 전략 결론

팬옵티콘의 구조. 중앙의 감시탑에서 수감자 전원을 관찰할 수 있도록 설계된 원형 감옥 모델이다.

아파트 단지를 살펴보면 동일한 입지와 같은 평형이라 하더라도 저층보다 고층 세대의 선호도가 더 높게 형성되는 경우를 흔히 볼 수 있습니다. 전통적으로는 조망권, 일조권, 통풍 등의 물리적 요인으로 이

러한 차이를 설명해 왔지만, 이것만으로는 충분하지 않습니다. 저층 기피 현상에는 공간이 만들어내는 시선의 권력 구조가 깊이 작동하고 있습니다.

건축가 유현준 교수는 저서 〈도시는 무엇으로 사는가〉에서 푸코의 팬옵티콘 개념을 통해 공간과 권력의 관계를 설명합니다. 팬옵티콘은 중앙의 감시탑에서 모든 방을 내려다볼 수 있는 구조로, '보는 자'가 '보여지는 자'를 지배하는 비대칭적 권력관계를 상징합니다.

아파트 단지의 공간 구조를 면밀히 살펴보면, 고층 세대는 저층 세대의 일상을 일방적으로 조망할 수 있는 위치에 놓여 있는 반면, 저층 세대는 위층의 생활을 시각적으로 인지하기 어렵습니다. 이러한 시선의 비대칭성은 주거 공간 내에서 감시 주체와 피감시 객체 사이의 인지적 권력 구조를 형성하는 중요한 요인으로 작용합니다.

고층에 거주하는 사람들은 외부의 시선으로부터 상대적으로 자유로운 위치에 있으면서 자신의 사생활을 보다 효과적으로 통제할 수 있는 공간적 주도권을 확보합니다. 반대로 저층 거주자는 일상의 많은 부분이 외부에 노출될 가능성이 높기 때문에 무의식적 방어 심리와 불안감을 경험하게 되며, 이러한 심리 상태는 결과적으로 주거 만족도와 공간 인식의 질적 차이로 이어집니다.

사람은 본능적으로 '보는 위치'에 설 때 안정감과 우위를 느끼고, '보여지는 위치'에 놓일 때 불안감과 방어 본능을 경험합니다. 이러한 무의식적 심리 작용은 아파트 층수에 대한 선호도에도 반영됩니다. 이는 조망이나 일조의 문제가 아니라, 시선의 주도권을 확보할 수 있는 위치에 대한 심리적 욕구와 직결됩니다.

고층 세대는 공간적 우위를 통해 사적 영역을 보호하고 통제할 수 있는 반면, 저층 세대는 이러한 권한이 제한되어 상대적으로 취약한 위치에 놓이게 됩니다. 이는 곧 아파트 내에서의 층별 선호도 차이로 이어지고, 나아가 주거지 가치 인식에도 직접적인 영향을 미칩니다.

결국 저층 세대 기피 현상은 물리적 조건 이상의 문제입니다. 이는 '보는 자'와 '보여지는 자' 사이의 시선 권력관계, 그리고 그로부터 파생되는 심리적 안정감의 차이에 뿌리를 두고 있습니다. 아파트 고층 선호는 시선의 주도권을 확보하려는 무의식적 욕구의 표현입니다.

따라서 주거 선택은 기능적 요인만으로 설명할 수 없으며, 인간이 공간 속에서 어떤 위치에 서고자 하는가라는 심리적 욕망이 강하게 개입합니다. 저층 기피 현상은 이러한 욕망이 공간 구조를 통해 드러나는 대표적인 사례입니다.

투자 관점에서 보면, 이러한 심리 구조는 결국 가격 형성에 반영됩니다. 시선의 주도권을 확보할 수 있는 고층 세대는 동일 입지에서도 더 높은 시장가치를 갖는 경향이 있으며, 반대로 저층 세대는 상대적으로 가격 방어력이 낮게 나타나는 경우가 많습니다. 따라서 투자자는 물리적 조건뿐 아니라 공간이 만들어내는 심리적 권력 구조가 어떻게 가격에 전이되는지를 인식하고 전략을 수립할 필요가 있습니다.

단순히 조망, 일조 등의 문제가 아니라 '보고, 보이는' 시선 구조의 차이 때문이다. 고층 선호에는 심리적 안정 욕구가 반영된다.

경북 상주 아파트도,
대구 아파트도 가격이 잘못되었다

　　최근 경북 상주를 방문할 기회가 있었습니다. 지인의 추천에 따라 외곽의 한 식당을 찾았는데, 이미 긴 대기 줄이 늘어서 있었습니다. 무더위로 동행한 아이가 지쳐 있어 시내로 이동하면 보다 수월하게 식사를 해결할 수 있을 것이라 생각했지만, 실제로 마주한 상주 시내의 모습은 예상과 달랐습니다. 프랜차이즈 식당은 거의 보이지 않았고, 결국 인근의 소규모 식당에서 식사해야 했습니다.

　　이후 상주 시내의 대표적 상권으로 알려진 '패션거리'를 방문했습니다. 대구의 동성로에 비견된다고 설명을 들었으나, 실제 현장은 상점의 상당수가 영업을 중단한 상태였고 공실이 적지 않게 눈에 띄었습니다. 인구 9만 명의 도시라는 점을 고려하더라도, 지역 거점도시의 중심지라 보기에는 상권 규모와 다양성이 크게 제한적이라는 인상을 받았습니다.

이러한 지역 여건과는 달리, 상주 아파트 가격은 의외로 높은 수준에 형성되어 있었습니다. 세대수가 300세대도 되지 않는 비(非)브랜드 아파트의 시세가 4억 2천만 원에 달하고 있었으며, 가격은 여전히 상승 중이었습니다. 대기업이나 산업단지, 외부 수요 유입 요인이 부족한 도시 구조를 고려할 때, 이러한 시세 수준은 쉽게 납득하기 어려운 부분입니다.

상주의 경우, 가격을 설명할 수 있는 가장 핵심적인 요인은 '공급 부족'입니다. 확인 결과, 2022년부터 2029년까지 상주 지역에 입주 예정 아파트 물량이 전무했습니다. 신규 공급이 전혀 없는, 이른바 '공급 제로(0)' 상태가 지속되는 것입니다.

공급이 차단되면 특별한 수요 요인이 없어도 가격은 오르는 경향을 보입니다. 상주의 아파트 시세는 이러한 경제학적 기본 원리가 현실에서 그대로 작동하는 사례라 할 수 있습니다.

이러한 시각에서 보면, 대구 아파트 가격 역시 왜곡을 내포하고 있습니다. 상주는 공급 부족으로 인해 가격이 비정상적으로 높게 형성된 사례라면, 대구는 반대로 공급 과잉으로 인해 가격이 비정상적으로 낮게 형성된 지역입니다. 즉, 두 지역 모두 공급 요인이 가격 불균형을 만든다는 동일한 시사점을 보여줍니다.

> 상주는 공급 부족으로, 대구는 공급 과잉으로 가격이 왜곡되어 있다. 두 지역 모두 공급이라는 공통된 요인이 가격 불균형을 만든다.

부강의 기반은 신용으로부터

인류의 경제는 수천 년 동안 정체 상태에 머물러 있었습니다. 농경 사회가 장기간 지속되는 동안 생산량과 부의 총량은 거의 증가하지 않았으며, 누군가가 더 많은 것을 가지려면 누군가가 덜 가져야만 하는 제로섬의 세계가 일반적이었습니다. 이 시기 국가의 부를 확장하는 유일한 방법은 전쟁이나 약탈이었고, '경제 성장'이라는 개념 자체는 존재하지 않았습니다.

그러나 16~17세기를 전후로 인류의 경제 질서에는 근본적인 변화가 나타났습니다. 그것은 바로 존재하지 않는 미래의 부를 믿고 투자하는 신용의 등장이었습니다. 신용은 단순한 금전 거래나 금융 기법이 아니라, '내일은 오늘보다 나을 것이다'라는 집단적 낙관을 제도화한 것이었습니다. 이러한 믿음이 자본을 움직였고, 자본은 산업과 기술을 발전시키며, 산업은 다시 경제 전체의 규모를 팽창시켰습니다. 파이는 고정된 것이 아니라 미래에 커질 수 있는 것이라는 사고방식이 자리 잡기 시작한 것입니다.

17세기 유럽에서 패권을 쥔 국가는 군사력의 우위를 통해서가 아니라, 신용을 어떻게 제도화했는가에 따라 결정되었습니다. 대표적인 사례가 네덜란드와 스페인입니다.

네덜란드는 영토도 작고 자원도 빈약했지만, 금융시장을 발달시키고 상인과 국가가 미래에 대한 신뢰를 자산으로 전환하는 체계를 갖추었습니다. 신용을 기반으로 한 자금 조달 능력은 해외 무역과 식민지 개척으로 이어졌고, 네덜란드는 세계 금융의 중심지로 부상했습니다.

반면 스페인은 아메리카에서 막대한 금과 은을 약탈했음에도 불구하고 신용 체계를 구축하지 못했습니다. 막대한 자원은 단기적 부를 가져왔지만, 금융 인프라와 신뢰 체계가 부재했던 스페인은 반복적으로 국가 부도를 선언했고, 결국 패권의 주도권을 잃고 말았습니다.

이 대조적인 사례는 부강함이 자원의 절대적 규모에 달려 있는 것이 아니라, 미래를 믿고 자본을 순환시키는 신용 체계의 존재 여부에 달려 있음을 잘 보여줍니다.

신용은 단순히 경제 성장의 요소에 그치지 않습니다. 그것은 국가의 부강함을 뒷받침하는 근본적 토대이자, 강국과 약소국을 가르는 결정적 요인입니다.

신용이 풍부한 국가는 자본을 원활하게 조달할 수 있으며, 이를 통해 산업과 기술을 발전시키고 군사력까지 강화할 수 있습니다. 이러한 축적된 역량은 외부의 위협으로부터 자신을 방어할 뿐 아니라, 주변 세계를 주도하는 힘으로 이어집니다. 17세기 네덜란드가 그러했고, 이어 영국이 산업혁명을 통해 세계 패권을 쥔 것도 같은 맥락입니다.

반대로 신용이 부족한 국가는 자본 조달에 제약을 받으며 산업화와 방위력 강화 모두에서 뒤처질 수밖에 없습니다. 미래를 믿지 못하는 사회는 미래를 준비하지 못하고, 결과적으로 외부 세력의 영향력에 종속되거나 약탈당하는 위치에 놓이게 됩니다. 19세기 아편전쟁 당시 중국이 영국에 굴복했던 사례나, 채무를 감당하지 못해 보호령이 되었던 이집트의 사례는 이를 잘 보여줍니다.

신용은 성장과 부강을 가능하게 하지만, 그것이 붕괴할 때 사회는 가장 먼저 흔들립니다. 프랑스 혁명은 바로 신용 상실의 전형적인 결과였습니다.

루이 14세와 15세의 과도한 전쟁과 사치로 인해 프랑스의 재정은 이미 한계에 다다른 상태였습니다. 루이 16세는 미국 독립전쟁을 지원하며 막대한 재정을 소진했고, 국가는 더 이상 자금을 빌릴 수 없는 상황에 처했습니다. 신용을 잃은 국가는 국민의 신뢰마저 상실했고, 통치 기반은 빠르게 붕괴하였습니다. 결국 1789년 혁명이 발발하였고, 왕권은 단두대 앞에서 무너졌습니다. 이는 신용의 상실이 곧 정치·사회 체제의 위기로 직결될 수 있음을 상징적으로 보여주는 사건입니다.

신용은 국가와 거시경제의 문제에만 해당하는 것이 아닙니다. 투자자 개인에게도 신용은 성장과 방어를 동시에 가능하게 하는 핵심 기반입니다.

투자자가 튼튼한 신용을 보유하고 있다면, 시장이 하락하더라도 기회를 적극적으로 포착할 수 있습니다. 예를 들어, 시장이 급격히 위축되었던 2022년 말 ~ 2023년 초와 같은 시기에도 신용 기반이 탄탄한 투자자는 저가 매수의 기회를 활용해 포지션을 확장할 수 있습니다. 반대로 신용이 약한 투자자는 금리 상승, 역전세, 급매 경쟁 등 시장의 충격을 감당하지 못한 채 방어에 급급할 수밖에 없습니다.

결국 신용은 투자자가 위기를 기회로 전환할 수 있는 내재적 힘이자 전략적 자산입니다. 신용이 뒷받침되는 투자자는 시장의 변동성 속에서도 흔들리지 않고 전략적으로 대응할 수 있습니다.

신용은 미래에 대한 믿음을 제도화한 사회적 장치이며, 그것이 국가의 부와 권력을 결정짓습니다. 동시에 신용은 개인 투자자에게도 기회를 확장하고 리스크를 방어하게 만드는 실질적 기반입니다.

부강한 국가는 신용을 제도화하고 이를 성장의 원동력으로 삼았으며, 부강한 투자자는 신용을 자산화하여 시장의 파고를 기회로 전환합니다. 반대로 신용이 부족한 국가는 약탈당했고, 신용이 부족한 투자자는 하락장에서 방어조차 제대로 할 수 없습니다.

따라서 신용은 부강함의 출발점이자 최후의 방어선이라고 할 수 있습니다. 이는 국가에도, 기업에도, 개인에게도 동일하게 적용되는 보편적 원리입니다.

투자자의 힘은 신용에서 나온다. 신용이 버티면 기회를 잡고, 신용이 무너지면 모든 전략이 무너진다.

경직된 정책 VS
유연한 시장

투자자의 시각에서 본 전략 결론

정부는 부동산 시장을 안정시키기 위해 세금, 금융, 세제 감면 등 다양한 규제 정책을 반복적으로 도입해 왔습니다. 다주택자 취득세·양도세·종부세 강화, LTV·DTI·DSR 등의 대출 규제, 임대사업자 제도 등이 대표적입니다. 이러한 정책들은 시장 과열을 완화하고 실수요자 중심의 구조를 만들기 위한 목적을 가지고 있습니다.

하지만 정부 정책은 제도적 틀 안에서 작동한다는 점에서 구조적인 한계를 지닙니다. 정책은 언제, 누구에게, 어떤 방식으로 적용할지를 정해 놓고 움직이는 '선형적이고 경직된 시스템'입니다. 반면 부동산 시장은 다양한 이해관계가 동시에 작용하기 때문에 훨씬 더 빠르고 유연하게 반응합니다. 정부가 규제를 발표하는 순간부터 시장은 이미 새로운 우회로를 찾기 시작합니다.

세금 정책에서 이러한 특징은 가장 명확히 드러납니다. 정부가 취득세, 종부세, 양도세를 강화하면 시장은 가구 분리, 사실혼 유지, 자녀 명의 분산, 증여 등 다양한 방식으로 세 부담을 최소화합니다. 양도세가 강화되는 시기에는 매물을 회수하거나 매도 시점을 조절해 세금 부담을 피해갑니다. 이런 과정은 정책이 의도한 효과가 일정한 한계 안에서만 작동할 수밖에 없음을 보여줍니다.

금융 규제도 마찬가지입니다. LTV·DTI·DSR 등이 강화돼 대출이 제한되면 투자자들은 전세보증금을 활용한 갭투자를 통해 새로운 레버리지를 만들어 냅니다. 임차인의 자금을 투자 여력으로 전환하는 방식입니다. 여기에 제2금융권이나 비제도권 금융을 활용한 우회 조달까지 더해지면서 금융 규제 역시 시장의 속도를 따라가지 못하는 경우가 많았습니다.

세제 감면 정책도 의도와 현실이 어긋나는 경우가 적지 않습니다. 임대사업자 등록 시 종부세나 양도세를 감면해 주는 제도는 실수요자를 보호하고 임대주택 공급을 늘리기 위한 정책이었지만, 실제 시장에서는 투자자들의 절세·레버리지 확장 수단으로 활용된 사례가 많았습니다. 제도의 취지는 선량했지만 실질적 혜택은 투자자에게 더 크게 돌아가는 역설적 결과가 나타났습니다.

일부 시장 참여자들은 규제의 빈틈을 세밀하게 활용하는 수준을 넘어 제도의 맹점을 정면으로 이용하기도 합니다. 전세 사기 사건에서 미성년자 명의로 주택을 매입하고 임대사업을 운영한 사례들이 대표적입니다. 실질 소유자는 부모임에도 불구하고 자녀 명의를 이용해 법적 책임을 회피하는 구조가 만들어졌고, 피해자들은 보증보험이 있음에도 보상을 받지 못하는 상황에 놓였습니다. 이는 시장이 제도의 허점을 얼마나 빠르고 정교하게 파고드는지를 극명하게 보여줍니다.

이처럼 정부의 규제는 일률적이고 경직된 방식으로 작동하지만, 시장은 다양한 주체가 얽혀 있는 유연한 구조이기 때문에 규제가 생기면 그 즉시 다른 길을 찾아 움직입니다. 정책은 방어적인 수단이지만 시장은 언제나 공세적인 행위자입니다. 이 구조적 비대칭성 때문에 정책이 시장을 완전히 따라잡는 것은 현실적으로 어렵고, 규제를 강화할수록 시장의 대응은 오히려 더 정교해지는 경향을 보입니다.

> 경직된 정책보다 유연한 시장이 흐름을 결정한다.

분양권의
유혹

부동산 시장에서 분양권이나 입주권은 일반 매매와는 다른 독특한 성격을 갖고 있습니다. 특히 입주장이 가까워질수록 분양권 시장은 단기적으로 매도 경쟁장이 되는 경향이 뚜렷하게 나타납니다. 잔금을 치를 여력이 부족하거나, 세금·대출 문제로 등기 이전이 불가능한 이들이 한꺼번에 매도에 나서기 때문입니다.

이 시기 시장에서는 손실을 감수하면서도 잔금을 회피하려는 투자자들이 매물을 쏟아내며 가격을 급격히 낮추는 '가격 출혈 경쟁'이 벌어집니다. 이는 분양권 시장의 구조적 특징이라 할 수 있습니다. 매도자 다수가 동시기에 몰리면서 가격 협상력이 매수자에게 집중되고, 이 과정에서 분양권 프리미엄은 빠르게 붕괴되는 양상을 보이곤 합니다.

분양권 투자는 비교적 적은 자본으로 큰 수익을 기대할 수 있다는 점에서 많은 투자자들의 관심을 끕니다. 분양 초기에는 계약금만으로 투자가 가능하고, 잔금은 입주 시점에 납부하는 구조이기 때문에 레버리지를 활용한 투자 수단으로 인식되기 쉽습니다.

이와 함께 교통 호재, 학군, 정책 변화, 주변 개발계획과 같은 긍정적 요인들이 마케팅에 집중적으로 활용되면서 투자 심리를 자극합니다. 그러나 사람들을 실제로 움직이게 만드는 것은 '호재' 자체보다도 주변에서 들려오는 수익 사례입니다. '누가 얼마 벌었다더라'하는 경험담이 회자되는 순간, 사람들은 기회를 놓칠지도 모른다는 불안감에 휩싸이고, 뒤처질지도 모른다는 감정이 투자 결정을 앞당기게 됩니다.

분양권의 유혹은 이처럼 합리적 분석보다는 심리적 압박과 사회적 비교에서 비롯되는 경우가 많습니다. 이 점이 바로 분양권 시장의 '강렬한 매력'이자 동시에 '위험의 시작점'이 됩니다.

분양권 투자의 가장 큰 변수는 잔금 납부 능력입니다. 상승기에는 분양권 프리미엄이 잔금 시점 이전에 충분히 상승하면서 차익 실현의 기회가 주어지기도 합니다. 하지만 하락기나 거래 침체기에는 상황이 전혀 달라집니다.

입주 시점이 가까워졌는데도 잔금을 마련하지 못한 투자자들은 가격을 내릴 수 있는 만큼 내리고도 매수자를 찾지 못하는 상황에 직면합니다. 잔금 부담은 투자 구조의 성패를 결정짓는 핵심 변수입니다. 잔금을 마련하지 못하면 매도자에게 남는 선택지는 제한적이며, 그 결과 연체이자 부담, 투자 실패, 심지어 신용 훼손으로 이어질 수 있습니다.

2023년초, 대구 중구의 한 대단지 신축 아파트에서는 약 6천만 원의 마이너스 프리미엄(마피) 매물이 등장했습니다. 매도자는 같은 단지 내에 처분해야 할 분양권이 한 건 더 있어 가격을 추가로 낮출 수 없는 상황이었고, 결국 그 가격이 매도자가 더 이상 낮출 수 없는 가격선으로 작용했습니다. 이는 잔금 여력이 부족한 투자자들이 가격 협상에서 얼마나 불리한 위치에 놓이는지를 단적으로 보여주는 사례입니다.

2022년 5월, 달서구의 한 신축 단지에서도 마피 7천만 원대의 저층 매물이 등장했지만, 입주 후 1년이 지나도록 가격 조정 없이 그대로 남아 있었습니다. 매도자는 추가 인하 여력이 없었고, 결국 연체이자를 부담하며 장기간 매수자를 기다려야 했습니다.

과거 2016년, 달서구의 한 대단지 분양 아파트에 당첨된 한 지인은 잔금을 마련하지 못해 3천만 원의 프리미엄을 받고 분양권을 매도했습니다. 당시 분양가는 약 2.6억 원이었으나 현재 시세는 5.5억 원 수준입니다. 만약 잔금을 감당할 수 있었다면 훨씬 큰 수익을 얻었을 것입니다. 이는 잔금 납부 능력이 투자 수익 구조를 결정짓는 핵심 요소임을 보여주는 대표적 사례입니다.

> 분양권의 매력은 레버리지가 아니라, 사람 마음을 흔드는 비교심리에서 시작되고, 위험은 잔금 앞에서 본모습을 드러낸다.

영끌을
버리기 힘든 이유

투자자의 시각에서 본 전략 결론

통계청 자료에 따르면 2020년부터 2023년 사이 30대 이하 주택 소유자 수는 약 20만 명 이상 감소했습니다. 이는 이른바 '영끌'을 통해 주택을 구입했던 젊은 세대가 시장에서 밀려나고 있음을 보여주는 구조적 징후입니다.

많은 이들은 영끌을 '내 집 마련을 위한 노력' 혹은 '의지의 표현'으로 해석합니다. 그러나 실상은 훨씬 복잡합니다. 영끌은 인간이 행복을 유지하기 위해 반드시 충족되어야 하는 세 가지 심리 욕구(자율성, 유능감, 관계성)을 근본적으로 침해합니다. 이는 자기결정이론의 핵심 개념과도 밀접하게 연결되어 있습니다.

즉, 영끌은 심리적 지속가능성이 결여된 선택이라는 점에서 그 본질적 한계가 드러납니다.

인간은 본질적으로 자신의 삶을 스스로 결정하고 선택할 때 심리적 만족감을 얻습니다. 그러나 영끌로 집을 구입하는 순간부터 개인의 자율성은 급격히 축소됩니다.

우선, 대출 상환 일정이 삶의 중심에 자리 잡으면서 직업 선택의 자유가 크게 제약됩니다. 더 나은 기회가 있어도 안정적인 소득이 우선이 되기 때문에 이직이나 창업과 같은 도전적 선택이 어렵습니다. 소비의 자율성 또한 사라집니다. 여행이나 취미, 자기계발뿐 아니라 생활 필수재에 대한 지출조차 '눈치'를 봐야 하는 상황이 발생합니다.

주거 이전의 자유도 제한됩니다. 집값이 하락하면 손실을 감수하지 않는 이상 매도할 수 없고, 팔 수 있어도 대출 잔액이 발목을 잡습니다. 이 과정에서 '내가 선택해서 살아간다'는 주체적 감각은 사라지고, 삶은 부채 상환 스케줄에 종속된 구조로 전환됩니다. 자율성이 상실된 삶은 지속 가능하지 않으며, 장기적으로 심리적 소진을 초래합니다.

영끌은 개인의 유능감에도 깊은 균열을 냅니다. 유능감이란 스스로 유의미한 결과를 만들어낼 수 있다는 신념, 곧 자기 효능감과 맞닿아 있습니다. 그러나 거대한 부채를 짊어진 상태에서는 아무리 열심히 일해도 대부분의 수입이 원리금 상환으로 소진되며, 그 결과 성취감이나 발전의 감각을 느끼기 어렵습니다.

시간이 지날수록 '열심히 일해도 달라지는 게 없다'는 무력감이 쌓입니다. 교육이나 자기계발에 투자할 여력도 사라지며, 미래 성장의 가능성이 줄어들수록 '발전하는 나'라는 자아상은 점차 희미해집니다. 반면 주변의 동료나 친구들은 여가와 소비, 투자에 나서며 상대적 격차를 벌립니다. 이런 상황은 개인에게 깊은 상대적 박탈감을 남기고, 자신이 무능력하다는 인식을 강화합니다.

여기에 시장 하락이라는 외생 변수가 겹치면 개인은 자신의 노력과 상관없이 자산가치가 떨어지는 경험을 하게 됩니다. 이는 통제 불가능한 결과 앞에서의 절망을 불러오며, 궁극적으로는 '내가 아무리 해도 소용없다'는 학습된 무기력으로 이어질 수 있습니다. 영끌은 개인의 심리만이 아니라 사회적 관계망에도 심각한 균열을 가져옵니다.

우선, 가계의 긴축이 가족 갈등으로 이어집니다. 사소한 지출 하나하나가 문제가 되고, 정서적 대화보다 경제적 언쟁이 중심이 됩니다. '이건 꼭 필요한 지출이냐'는 대화가 반복되며, 부부간의 정서적 연결은 점점 약화됩니다. 자녀 양육에 쓰이는 예산이 줄어들면서 불만이 쌓이고, 이는 배우자나 부모에 대한 원망으로 전이되기도 합니다.

친구나 지인 관계에서도 소외가 발생합니다. 여가활동이나 여행, 투자 모임 등에 참여하지 못하면서 자연스럽게 사회적 접촉이 줄고, 고립감이 심화됩니다. '같은 출발선에 섰던 사람들이 점점 멀어지는 느낌'은 개인의 자존감에 큰 상처를 남깁니다. 여기에 사회적 낙인도 작용합니다. 부채에 짓눌려 여유 없는 모습은 주변에 드러나고, 사람들 사이에 미묘한 거리감이 생깁니다.

관계성의 붕괴는 심리적 안전망의 상실로 이어집니다. 자율성과 유능감이 무너진 상황에서 관계마저 붕괴하면 개인은 회복력을 잃고 시장에서 퇴출당하는 상황으로 내몰릴 가능성이 높아집니다.

겉으로 보기에 영끌은 '내 집 마련'이라는 성취처럼 보일 수 있습니다. 하지만 내면에서는 전혀 다른 일이 벌어지고 있습니다. 자율성은 부채에 종속되고, 유능감은 무력감으로 전환되며, 관계성은 균열하기 시작합니다. 이는 모두 인간이 심리적 안녕감을 유지하기 위해 충족되어야 하는 기본 욕구들이며, 이들이 무너질 경우 삶 전체의 질이 급격히 하락합니다.

따라서 영끌은 삶의 구조를 재편하는 선택이며, 그 결과는 심리적 소진과 관계적 고립이라는 형태로 나타나게 됩니다. 많은 이들이 하락장에서 버티지 못하고 시장에서 밀려나는 이유도 바로 이와 같은 심리 구조의 붕괴 때문입니다. 이는 개인의 의지력 부족이 아니라 인간 심리의 본질적 한계에 기인합니다.

영끌은 단기간에 내 집 마련이라는 목표를 이룰 수 있는 듯 보이지만, 실상은 인간이 행복을 유지하기 위해 필요한 심리적 자원을 잠식하는 선택입니다. 자율성의 상실은 삶의 선택지를 좁히고, 유능감의 상실은 자기 효능감을 약화시키며, 관계성의 붕괴는 사회적 지지망을 해체합니다.

이러한 상태에서 장기적으로 버티는 것은 거의 불가능에 가깝습니다. 결국 많은 이들이 하락기마다 시장에서 이탈하거나 자산을 포기하는 이유는 경제적 계산의 실패가 아니라, 심리적 한계의 도달인 경우가 많습니다.

따라서 영끌의 문제를 단순히 부채의 문제로만 해석해서는 안 됩니

다. 이는 인간의 심리와 행복 구조 전반을 훼손하는 문제이며, 장기적
으로는 삶의 질과 회복력, 나아가 미래 선택의 가능성까지 잠식할 수
있습니다.

<blockquote>
영끌이 무너지는 건 돈 때문이 아니라, 인간이 버티기 위해 꼭 필요한 자율성·
유능감·관계성이 동시에 무너지기 때문이다.
</blockquote>

요즘 부동산에 전화하면 무슨 말을 들을까?

최근 부동산 중개업소에 직접 방문하시거나 전화를 걸어 상담을 받아보신 적이 있으신가요? 부동산 시장의 분위기는 각종 지표로 수치화되어 나타나기 전에, 사람들의 말투와 질문, 그리고 표정과 같은 언어적·비언어적 신호 속에서 먼저 드러나는 경우가 많습니다. 특히 매도자와 매수자, 그리고 중개업자 사이에서 오가는 짧은 대화에는 시장의 국면 변화를 가장 빠르게 감지할 수 있는 중요한 단서들이 숨어 있습니다.

이러한 이유로 본 절에서는 시기별로 달라지는 부동산 중개업 현장의 대화 양상을 체계적으로 정리해 보고자 합니다. 이를 통해 시장 지표보다 앞서 나타나는 심리적·행동적 변화를 살펴보고, 이를 시장 흐름을 해석하는 보조 지표로 활용할 수 있는 가능성을 함께 탐색해 보겠습니다.

침체기

매도자

"소장님, 집 보러 오는 사람 좀 없나요…"

소장님

"요즘은 정말 사람이 없어도 너무 없습니다. 급매라도 더 내려야 팔릴까 말까예요."

분위기

전화벨도 거의 울리지 않고, 드문 문의도 냉소적인 말투가 섞여 있습니다. 소장님의 목소리에도 힘이 빠져 있습니다.

전환기

매수자

"혹시 급매 좀 나왔나요? 그래도 가격은 더 조정할 수 있겠죠?"

소장님

"이제는 집주인분들이 그 가격으로는 안 판다 하십니다. 지금이라도 하나 잡아두시는 게 좋으실 겁니다."

분위기

관심은 살아나지만, 행동은 여전히 머뭇거립니다. 살까 말까 망설이는 기류가 강합니다.

회복 초입

매수자

"좋은 매물 나오면 바로 알려주세요. 다른 사람 보기 전에 제가 먼저 보고 싶습니다."

소장님

"다른 분이 계약 의사를 밝히셔서, 먼저 가계약을 하시는 게 안전합니다."

분위기

문의 전화가 확연히 늘고, 매수자들 사이에 은근한 경쟁 심리가 싹트기 시작합니다.

과열기

매수자

"좀 비싸도 괜찮습니다. 계좌번호 바로 알려주세요!"

소장님

"매도자분이 망설이셔서 설득 중입니다. 잠시만 기다려 주세요."

(이후 가계약금 계좌번호가 오자마자 곧바로 입금)

분위기

가격을 따지지 않고 매물 확보 경쟁이 벌어집니다. 대화 속에는 초조함과 조급함이 묻어나며, 계약금 입금 속도전까지 나타납니다.

이처럼 시기별로 변화하는 대화 양상을 면밀히 살펴보면, 중요한 사실 하나를 확인할 수 있습니다. 바로 통계 지표보다 먼저 변하는 것은 시장 참여자들의 언어와 태도라는 점입니다.

매도자와 매수자가 사용하는 말투, 중개업자의 표정과 어조, 상담 과정에서 울리는 전화벨 소리와 같은 요소들은 시장의 심리 변화를 가장 먼저 반영하는 신호로 기능합니다. 이러한 미세한 변화들이 축적되면서 전체 시장의 흐름을 선행적으로 드러내며, 이는 지표 분석만으로는 포착하기 어려운 시장의 방향성을 해석하는 데 중요한 단서를 제공합니다.

> 지표보다 먼저 변하는 건 숫자가 아니라 사람의 말투와 표정이며, 현장의 언어가 시장의 방향을 가장 먼저 알려준다.

100억의
유효기간

'얼마쯤 있으면 만족하실 것 같으세요?'라는 질문은 부의 문제를 다룰 때 자주 등장하는 물음입니다. 사람들은 의외로 비슷한 금액을 떠올리는 경우가 많습니다.

"한 100억 정도면 편하지 않을까"

그러나 이 숫자가 실제로 인간의 삶에 어떠한 변화를 가져오는지, 그리고 그 만족감이 얼마나 지속되는지에 대해서는 깊이 있게 논의되는 경우가 많지 않습니다.

1978년, 미국 심리학자 필립 브릭만은 복권 당첨자와 하반신 마비 장애인을 대상으로 행복 수준 변화를 추적한 실험을 진행했습니다. 그 결과는 충격적이었습니다. 막대한 당첨금을 얻은 복권 당첨자들도 약 3개월이 지나면 일상적인 행복 수준으로 되돌아갔으며, 중대한 사고를 경험한 장애인들 또한 6~12개월이 지나면 일정 수준의 행복을 회복했습니다. 이는 인간의 행복이 외부 자극에 빠르게 적응하는 특성을 지녔음을 보여주는 대표적 사례로 평가받습니다.

또한 노벨경제학상 수상자인 대니얼 카너먼의 연구에 따르면, 연 수입이 약 1억 원을 초과할 경우 주관적 행복감은 더 이상 뚜렷하게 증가하지 않는 것으로 나타났습니다. 일정 수준 이상의 소득이나 자산은 삶에 대한'인지적 평가'를 높이는 데는 기여할 수 있으나, 감정적 만족감의 증대에는 한계가 존재한다는 의미입니다. 다시 말해, 부의 절대적인 규모가 행복의 절대적인 수준을 보장하지는 않습니다.

'100억'이라는 숫자는 많은 이들에게 하나의 상징적 기준점처럼 기능합니다. 자산가에게는 일정한 안정과 여유를 상징하는 숫자로, 투자자에게는 도달하고자 하는 목표 지점으로 인식됩니다. 그러나 만약 이 지점에 도달했을 때의 감정적 만족감이 석 달 남짓의 유효기간을 가진다면, 우리는 과연 무엇을 위해 이토록 긴 시간과 에너지를 투자하는 것일까요?

심리학적 관점에서 욕망은 도달점이 아니라 반복되는 패턴에 가깝습니다. 인간은 본능적으로 '더 나은 상태'를 추구하는 경향을 지니고 있으며, 더 큰 집, 더 상징적인 공간, 더 빠른 차, 그리고 더 '좋은 삶'처럼 보이는 무언가를 끊임없이 좇습니다. 이러한 욕망의 구조는 특정 자산 수준에서 만족이 완결되는 것이 아니라, 끊임없이 새로운 목표로 확장되는 특성을 보입니다.

그렇다면 부를 향해 달리는 과정 속에서 남는 것은 무엇일까요? 재산의 절대 규모는 외부 환경이나 시장 상황에 따라 변동할 수 있지만, 과정에서 내면에 축적되는 무형 자산은 훨씬 더 지속적인 가치를 가질 수 있습니다. 투자와 자산 축적의 여정은 판단 기준의 정교화, 감정 조절 능력의 강화, 실패를 기록하고 학습하는 습관, 그리고 위기 상황에서 다시 자신을 재구성할 수 있는 내적 구조를 형성하는 과정이기도 합니다.

심리학자 헤르만 에빙하우스의 연구에 따르면 지식은 빠르게 망각되지만, 반복을 통해 행동에 체화된 경험은 '감각'으로 남아 장기적으로 유지됩니다. 이러한 내면화된 감각은 다음 위기 상황에서 감정에 흔들리지 않고 기준에 따라 판단할 수 있게 하는 중요한 심리적 자산으로 작용합니다.

결국 남는 것은 100억이라는 숫자가 아니라, 그 목표를 향해 가는 과정에서 자신이 어떤 사람으로 변화했는가 하는 문제입니다. 인간의 욕망은 사라지지 않고, 행복감은 오래 지속되지 않지만, 삶은 그 사이 어딘가에서 끊임없이 이어집니다.

따라서 장기적인 자산 축적의 관점에서 진정한 핵심은 절대적 부의 크기가 아니라, 그 과정을 통해 내면에 형성된 태도와 기준입니다. 그것이야말로 외부 환경의 변동에도 흔들리지 않는 가장 강력한 자산이 될 수 있습니다.

행복은 돈의 크기가 아니라 욕망을 다루는 능력에서 나오며, 결국 남는 것은 숫자가 아니라 그 과정에서 내가 어떤 사람이 되었는가이다.

투자자의 시각에서 본 전략 결론

왜 우리는 집값만으로
행복해질 수 없는가?

'집을 사야 할까?'

'생활비를 줄여서라도 대출을 감당해야 할까?'

'차라리 작은 집에서 여유 있게 사는 게 나을까?'

누구나 삶의 어느 지점에서 이런 질문 앞에 서게 됩니다. 주택은 안정감, 자산, 사회적 지위를 상징하는 특별한 대상이기 때문입니다. 하지만 이 질문의 답은 단순히 경제적 계산으로만 정해지지 않습니다. 오히려 이 질문은 어떤 삶을 살 것인가라는 더 근본적인 문제로 이어집니다.

처음 집을 마련할 때 느끼는 감정은 특별합니다. 성취감, 안도감, 미래에 대한 기대가 교차합니다. 그러나 시간이 지날수록 이 감정은 서서히 희미해집니다. 집이 주는 안정감은 일상으로 녹아들고, 그 자리를 유지비와 대출 상환, 생활의 무게가 차지합니다.

이는 우리가 특정 대상에서 느낄 수 있는 만족감이 시간이 지날수록 자연스럽게 줄어드는 인간의 심리적 메커니즘과도 맞닿아 있습니다. 어떤 대상도 삶 전체의 행복을 영원히 책임질 수는 없습니다. 집값 역시 마찬가지입니다.

많은 사람들이 더 큰 집을 사거나, 집값이 오르면 삶이 나아질 것이라 믿습니다. 그러나 삶의 만족은 자산 규모만으로 결정되지 않습니다. 삶의 균형이 무너지면 아무리 좋은 집을 가지고 있어도 공허함이 남습니다.

주거에 모든 것을 쏟아부을 때, 여행·취미·관계·성장 같은 삶의 다른 영역은 자연스럽게 축소됩니다. 균형을 잃은 삶에서는 집이 커질수록 마음이 작아질 수도 있습니다. 결국 행복의 크기를 결정하는 것은 자산이 아니라 삶의 배분 방식입니다.

통계청 자료에 따르면 가계의 실질소득은 꾸준히 증가해 왔습니다. 이는 단순히 돈이 많아졌다는 뜻이 아닙니다. 삶을 구성하는 방식의 선택지가 넓어졌다는 뜻입니다.

과거에는 주거비와 대출 상환만으로 벅찼던 가계가 이제는 집뿐 아니라 여가·관계·성장에 자원을 분배할 여력을 갖추게 된 것입니다. 그렇다면 우리는 질문을 이렇게 바꿔야 합니다.

'집을 어떻게 살 것인가'에서 '삶을 어떻게 살 것인가"로.

집값이 오르면 기분이 좋아지고, 떨어지면 불안해지는 것은 자연스러운 감정입니다. 하지만 우리의 행복이 집값이라는 단일 변수에 종속되는 순간, 삶의 주도권은 내 손을 떠나버립니다.

행복은 집값이 아니라 삶값에서 옵니다. 집은 삶의 토대일 뿐, 삶의 전부가 아닙니다. 집보다 더 중요한 것은 그 집 안에서 어떤 시간을 보내는가, 누구와 관계를 맺는가, 나 자신에게 어떤 삶을 허락하는가입니다.

> 집은 삶의 전부가 될 수 없고, 결국 행복을 만드는 건 집값이 아니라 그 집에서 살아가는 방식이다.

내가 투자한 아파트, 폭등하면 행복할까?

'내가 투자한 아파트, 폭등하면 행복할까?'라는 질문은 부동산 투자 자라면 한 번쯤 생각해보는 주제입니다. 많은 사람들은 집값이 오르면 삶이 나아지고 안정감이 커질 것이라고 기대합니다. 가격 상승은 자산 증가를 의미하고, 이는 곧 미래에 대한 여유로 이어질 것이라 믿기 때문입니다. 그러나 집값의 폭등이 정말로 행복으로 이어지는지, 이 질문은 조금 더 근본적으로 살펴볼 필요가 있습니다. 최근 터키의 주택 시장 변화는 이 문제에 중요한 시사점을 제공합니다.

터키의 주택가격지수는 2018년부터 2024년 사이 1,300% 이상 급등했습니다. 같은 기간 한국의 상승률이 6.7%에 불과했다는 점을 고려하면, 이는 단순한 가격 상승이 아닌 '초폭등'에 가깝습니다. 겉으로 보면 매우 부럽게 보일 수 있습니다. 2018년에 1억 원을 투자했다면 13억 원이 되는 셈이기 때문입니다. 그러나 이 폭등은 경제 호황이 아니라 심각한 인플레이션과 화폐가치 붕괴가 만든 결과였습니다.

터키에서는 2022년 소비자물가상승률이 85%를 넘어섰고, 통화(리라) 가치가 급락하면서 실물자산인 부동산으로 수요가 몰렸습니다. 여기에 정부의 초저금리 정책이 주택 수요를 더욱 가속했습니다. 외국인 투자자들은 리라 가치 하락으로 상대적으로 저렴해진 터키 부동산을 대거 매수했고, 지진 피해와 자재 가격 급등으로 공급이 줄어든 것도 가격 폭등을 부추겼습니다.

하지만 집값 폭등이 터키 국민의 삶을 나아지게 하지는 못했습니다. 오히려 주거 불안과 생활비 부담이 심각해졌습니다. 식료품·에너지 가격은 통제 불능 수준으로 오르고 임대료는 서민들이 감당할 수 없는 수준에 도달했습니다. 이 상황에서 많은 사람들은 '왜 나는 집이 없을까'라는 비교보다, '이번 달 월세를 낼 수 있을까'라는 생존의 문제에 직면했습니다. 부동산 가격 상승이 일부 자산가에게는 부를 가져다주었지만, 사회 전체적으로는 불평등 악화와 갈등 심화를 초래했습니다.

한국의 경우는 상황이 다릅니다. 기본적인 치안, 의료, 교육, 교통 인프라가 안정적으로 갖춰져 있어 생존의 문제보다는 상대적 박탈감과 계층 이동의 어려움이 주거 문제의 중심에 자리합니다. 가격이 상승하면 무주택자의 박탈감이 커지고, 가격이 하락하면 유주택자의 불만이 터져 나옵니다. 주택가격은 단순한 시장가격이 아니라 사회심리·정치적 갈등의 핵심 요소입니다.

집값 폭등은 단기적으로 일부 계층에게 자산 상승을 안겨줄 수 있지만, 장기적으로는 사회 전체의 안정성을 무너뜨릴 위험 요소입니다. 가격 급등은 규제 강화, 세제 개편, 매수심리 위축, 소비 여력 감소로 이어지며 시장을 불안정하게 만듭니다. 누군가의 부는 다른 누군가의 손실로 전환되고, 사회 전반의 신뢰와 균형이 흔들리기 쉽습니다.

터키의 사례는 '집값 폭등 = 모두의 행복'이라는 단순한 등식을 정면으로 반박합니다. 폭등은 경제적 번영의 신호가 아니라 화폐가치 붕괴, 인플레이션 폭주, 불평등 심화의 경고일 수 있습니다. 만약 한국의 주택가격이 터키처럼 폭등한다면, 이는 한국의 경제·생활 수준 또한 터키와 유사하게 급격히 악화된 상황을 의미할 가능성이 큽니다. 물가는 통제 불능으로 치솟고 월세와 대출 부담이 감당할 수 없는 수준에 도달하며, 계층 간 격차와 사회적 갈등은 걷잡을 수 없이 확대될 것입니다.

결국 지속 가능한 부동산 시장은 폭등이 아닌 안정 속에서 만들어집니다. 중요한 것은 가격이 얼마나 빠르게 오르느냐가 아니라, 사람들이 일상을 유지하며 미래를 예측할 수 있는 사회적 기반입니다. '내 집 값이 오르면 나는 행복할까?'라는 질문은 개인의 자산 문제가 아니라 사회 전체의 지속 가능성과 직결되는 문제입니다.

> 가격 폭등은 부를 키우는 듯 보이지만, 한 나라의 일상과 삶을 무너뜨릴 수도 있는 양날의 신호다.

나에게, 그리고 독자분들께

지금까지 이 책에서 다룬 다양한 투자 도구와 지표들은 부동산 시장에만 머무르지 않습니다.

우리가 살아가는 삶의 여러 영역 — 가정, 경제적 환경, 인간관계 속에서도 — 충분히 적용할 수 있는 보편적 통찰을 담고 있습니다.

필자는 시장을 읽는 능력이 결국 심리와 신호를 해석하는 감각이라는 점에 주목해 왔습니다. 이 감각은 나의 가족들이 무엇을 원하고, 어떤 행동이 그들에게 안정과 행복을 주는지 이해하는 과정에도 그대로 적용됩니다.

또, 우리 아이가 다음 성장 단계로 나아가기 위해 어떤 욕구를 충족시켜야 하는지를 고민하는 일 또한 본질적으로 시장의 변화를 읽는 것과 크게 다르지 않습니다.

자신이 속한 경제적 환경의 방향을 가늠하고, 가족의 미래를 설계하는 과정에서도 이러한 통찰은 분명한 길잡이가 됩니다. 결국 이 책에서 제시한 도구들은 숫자를 읽는 기술이 아니라, 사람의 마음과 환경의 변화를 읽는 기술이기 때문입니다. 이러한 과정을 통해 관계의 질은 깊어지고, 삶의 방향은 더욱 선명해질 수 있습니다.

자신과 타인을 더 잘 이해할수록 우리는 더 현명한 선택을 할 수 있습니다. 그리고 그 선택이 쌓여, 각자의 삶을 스스로 설계할 수 있는 토대가 마련됩니다. 행복은 멀리 있는 거창한 목표가 아니라, 하루하루 나와 주변을 조금씩 더 잘 이해해 나가는 과정 속에 있습니다. 이 책이 시장을 읽는 눈뿐만 아니라, 삶을 바라보는 새로운 시선을 전할 수 있기를 바랍니다.

끝으로, 이 책이 세상에 나오기까지 도움을 주신 분들께 깊이 감사드립니다.

지금까지 우리 가족을 지켜주신 아버지, 도전의 용기를 가르쳐주신 어머니, 투자와 집필에 아낌없는 지원을 해준 아내 서영이, 건강하게 자라준 아들 정환이에게 고마움을 전합니다.

또한 다양한 세상을 보여주신 다크호스님, 그 세상을 바로 보는 시각의 폭을 넓혀주신 소피스트박 선생님, 그리고 저와 함께 활동해 주시는 '대구 부동산 투자&나눔그룹' 스탭분들께도 진심으로 감사드립니다.

마지막으로 이 책의 출간을 함께해주신 모모북스 박종천 대표님께도 감사의 마음을 전합니다.

"이 책이 독자 여러분의 삶에 작지만, 확실한 불씨가 되어, 더 나은 내일을 비추는 빛이 되기를 바랍니다."